ワンルーム
ワンダーランド

ひとり暮らし100人の生活

小鳥書房

はじめに

落合加依子

選んだ道はどこに続くだろうか

「いつ出て行くの？　もう新しい部屋、契約してるんでしょ」

これといった感情の読み取れない夫からの問いかけに、ああ、うん、とあいまいに返す。

２０２０年６月末、こうしてわたしは３年間住んだ部屋を出ることになった。結婚が決まり、期待いっぱいで契約した団地４階の２ＬＤＫ。夫が脱いだまま放った服や、乱雑に床に散らかる書類まみれの部屋。片づけ下手な人間がふたりで暮らしていたから、思い描いていた新婚生活とはかけ離れていたけれど、それでもかけがえのない家だった。

結婚後に発覚した、たったひとつの問題がずっと解決されなくて、何年も悩んだ末に「離婚を前提に別居してください」とわたしは激しく泣きじゃくりながら頭を下げた。

占いの本で運気がよかった5月31日を新居の契約日にして、いつ引っ越してもいい状態だったのに、夫と離れがたくていつまでも居座るわたしに、ついに夫が家を出てゆくことを催促してきたのだった。

新しく住むアパートは団地から歩いて15分。築30年、南東向きのありふれた家賃6万3千円。どこに住んでも同じだと思っていたから、このアパートしか内見しなかった。不動産屋で鍵を受け取り、そのあしで荷物を搬入する前のなんにもない新居に向かう。床に座りこんでキッチンにもたれ、カーテンのないベランダ越しに真昼の空を眺める。隣の部屋から「にーちゃん、にーちゃん」と叫ぶ男の子のどでかい声が絶え間なく聞こえてくる。その声に絶望的な気持ちになりながらぼぅっと座っているうちに、窓の外は見たこともない夕暮れ。差し込む夕日のせいか頬が熱くなる。ここでひとりで暮らす、という不安につぶされそうだった。

ついに引越しの日がやってきて、団地から荷物を移動させる。持ってきたものは古い水屋箪笥、ダイニングテーブル、椅子1脚、布団。最小限のものしか置きたくなかった。引越しで環境が変わったストレスからか持病が悪化して、まともに家から出られないほどひどくなってしまった。その間、夫に何度も電話をして「助けてほしい」って言いたかったけれど、いまの自分の状況を見せて心配させるのが申し訳なくて、一度も連絡はできなかった。

過ぎた時間と折りあいをつける

半年後、真冬。わたしの誕生日を間近に控えたある日、近くに住む母が倒れた。あろうことか脳梗塞を発症してから、痛みに耐えながら5日間も自宅で過ごしていたそう。呂律の回らない口調で「家から出られないからスーパーで食べもの買ってきて」と電話がかかってきて、これはおかしいと思って駆けつけると、明らかに顔の左半分が動いていなかった。救急車で運ばれた病院に緊急入院した母と別れ、担当医からの「意識を取り戻しても後遺症は残ります」という説明を反芻しながらふらふらとアパートに帰宅する。

わたしはこうして、いつも失ってゆく。でも大切なものなら、失くしてから後悔しないように向きあわないと。そう思ったとき、「話があるから会いたい」と夫にLINEを送っていた。

駅前のモスバーガーで久しぶりに会った夫に、「お母さんが倒れて、いまほんとうに不安だから、まだ離婚せずにいっしょにいてほしい」と伝えると、「かよちゃんも大変だとは思うけど、俺も疲れたよ。もう女性として好きじゃない」と言われ、離婚を促される。よくわからないものが一気に胸になだれ込んで息ができなくなって、夫をもう苦しめなくてすむように「じゃあ離婚届を出そうか」って自然と口にしていた。大好きなひとと完全な他人になる、こんなくるしいことがあるなんて、いままで誰も教えてくれなかった。夫が出て行ったモスバーガーで、両手でつかんだバーガーをいつまでも口に運べなくて、周囲に気づかれないように閉店まで泣いた。

なにもする気になれなくて、それと同時に部屋はいっそう散らかってゆく。サブスクで毎月届くレンタル服の紙袋や、使いもしない化粧品の入ったAmazonの段ボールが折り重なり、掃除機もないからザラッとしたホコリは積もり、得体の知れない虫の抜け殻が無数に壁に張りついている。キッチンの換気扇には油汚れが溜まって、茶色くて臭い液体がガスコンロに降り注いでくるけれど、料理をしないから問題ない。誰かが家に来ることもなく、別にそれでいいやって思っていた。ちいさな本屋の店主としてそれなりに身なりを整えてカウンターに立つわたしからは、想像もできないだろう暮らしぶり。それでも生活は途切れてくれなかった。おやすみ、と言う相手のいない夜にも次第に慣れ、孤独にあらがう気力なんてとっくに残っていなかった。

その窓から聞こえるはじまり

2022年の夏。自主的にとった夏休みの行き先に、仙台を選んだ。仙台で暮らす友人佐藤さん（以下ゆりちゃん）と電話で話していて、「最近、川の近くに引っ越したから、河原で線香花火やろうよ」って誘ってもらえたのがうれしくて。

ゆりちゃんの部屋に着く。立てつけのそんなによくないアパートの薄い扉を開けると、靴箱の上にはどこかで拾ってきたような灰色の丸い石が均等に並べられていた。ひとり暮らしには十分な広さの２ＤＫの部屋は、地に足をつけて生きているひとの喜びみたいなもので満たされている。居間にはゴザが敷かれていて、楕円形のちゃぶ台が中央に鎮座する。キッチンには使い古した竹ざる、その上に土のついた玉ねぎ。これは実家でご両親が育てた野菜だそう。

古家具と無印良品、本と植物が混ざりあう機能的なこの部屋は、わたしの部屋とは安心感がまるでちがう。暮らしをたのしんでいるひとの部屋と、暮らしをあきらめて線引きしているひとの部屋。質素だけど暮らしやすさの工夫にあふれる部屋を見て、自分の部屋のおぞましさが脳裏に浮かび愕然とした。

日が暮れてから近くの河原に移動する。線香花火のきまぐれな火花は、夏の終わりにぴったりだ。川のさざめき、鈴虫の鳴き声、ベンチでノンアルビールを片手に夜空をあおぐゆりちゃんの話し声。たったそれだけで、この場所はただひたすら自由だった。

朝一番の高速バスに乗って仙台を発ち、５時間かけて東京に帰る。東京駅から中央線と南武線を乗り継いで谷保の自宅に着き、歩けばホコリの渦の中に自分の足跡が残る部屋に入り、生臭い空気を吸う。リュックをおろす間もなくまっさきに窓を開ける。しおれた植物に水をあげる。ひと息ついて部屋を眺めまわすと、とんでもなく散らかっている。まさかこんなところに住んでいたなんて。

ゆりちゃんの家の居心地のよさを思い返し、どうしてこの部屋とこんなにも違うのか、その理由を考える。

わたしが元夫との別居を決めてひとり暮らしをしはじめた日から、この家はただの仮住まいだった。この家に住んでいるわたしも本来のわたしとは程遠いはず。長居する気はないし思い出は増やしたくない。そういう往生際の悪さのせいで、生活感も清潔感もない家になっている。これからは好きなものに囲まれた家で、息をして、地に足をつけて暮らしてみたい！　その日から部屋の模索が始まった。

家事代行サービスを何度も利用して、片づけと掃除を手伝ってもらう。自分がなにが好きで、どんな暮らしをしたいのかもよくわからないから、とにかくゆりちゃんの部屋を自分なりに完コピするところから。ゆりちゃんの部屋にあったようなゴザを買って敷いて、メルカリで見つけた楕円形のちゃぶ台を置く。竹ざるを買ってこれみよがしにキッチンに置き、そこに八百屋で探してきた土のついた玉ねぎを置いてみる。そこまで真似しても、あの心地よい生活感はどうしても出ない。でもそれはそれでいまの自分を表しているようで悪くない。これからのわたしが生活をつくっていくんだから。積もったホコリをはらって、次の言葉を探すように部屋のことを考える日々は続いた。

それぞれのほころび、それぞれの記憶

翌年の夏。文学フリマ岩手に行きたくて、ゆりちゃんを誘って盛岡に行く。会場に並ぶ書籍やＺＩＮＥ

を眺め、出店者たちの情熱にあてられ昂った気持ちを持て余したまま、商店街の喫茶店に入る。オムライスをつつきながら、ゆりちゃんに思わず「いっしょに本をつくってみようよ」と持ちかけると、「おー、いいね！　どんなのつくる？」と前向きに返してくれた。「わたしはひとの生活にいま興味があって、みんなどんなふうに暮らしてるか知りたいなあ」と口走ったところから、この『ワンルームワンダーランド』の構想は生まれていった。

きっと部屋にはそのひとそのものが表れる。意図した部屋でも、無防備な部屋でも。ほかの誰かと暮らす部屋ではない、ひとり暮らしの部屋ならなおさら。そんな現代の生活の記録とでもいうべきひとり暮らしのエッセイを100人分集めたら、どんなたのしい本になるだろう。

まずはおたがいの友人知人に声をかけ、さらにその友人知人を紹介してもらって「ひとり暮らしの部屋のエッセイを書いてください」と頼んだ。部屋全体が写る写真と、お気に入りのなにかを写した写真も載せることにした。本文をゆるく区切るように入れた5つの章扉のテキストは、エッセイを寄せてくれたひとりでもある、詩人の田中さとみさんに書いていただいた。

離れて暮らすひとたちが、それぞれどんなふうに部屋と、そして自分と向きあっているんだろう。そんなささいな好奇心からはじまったこの本をとおして、こんなにたくさんの生き方に出会えたことがとてもうれしい。

生きていればまあいろいろあって、今日は明日になればすぐ昨日になって、そうして暮らしは続いてゆく。部屋は、言葉を話すわけじゃない。でもありったけの息を吸って暮らすわたしたちを、静かに見守ったり叱ったりしているのかもしれない。記憶も匂いもそこに残って、見慣れたはずの毎日の隙間に、あの恋やあの会話、さみしさ、まばゆさが染みついている。

落合加依子
1988年名古屋市生まれ、東京都在住。ちいさな出版社と本屋「小鳥書房」の店主。住まいのある谷保（やほ）という町と、そこで暮らすひとたちが好き。口ぐせは「やっほー」。

もくじ

エッセイ

扉イラスト　イラストレーター・ピース・ピース
扉テキスト　田中さとみ

ワンルームワンダーランド

小さな箱を手に入れる。

新生活のために手に入れたワンルームの部屋。ずっと住んでいた実家を離れて、都会での憧れのひとり暮らしを始める。でも、理想と現実は違う。

狭すぎる部屋は五角形の形をしている。その中に祖母からもらった染みだらけのちゃぶ台と炊飯器とベットが雑然と置かれている。こんな筈ではなかったのにとちゃぶ台に頬杖をつく。未来を、目をつぶって描いてみる。ここは私にとって通過点であって、仮住まいなんだろう。初めて手にしたその箱は歪な形をしていた。でも、だからこそ愛らしい。

ちゃぶ台の上に亀のカタチをしたエアプランツを置いてみる。のそのそ歩き出す。そんなところから。私もこの部屋も変わっていく。

暗黒の帰路

最寄り駅のコンビニでカップラーメンを買ってその場で湯を注ぐ。それを啜りながら家まで歩く。誰にもすれ違わない。どうにか部屋にたどり着きカップを投げ捨て、ベッドに横たわるともうそのまま意識は手放される。頭の片隅でやらなければいけないことをいくつも思い出しながら。

この部屋に越してきてからそんな恐ろしい夜はふつうになってしまっていた。運び込んだ大切な書籍やとっておきのハイヒールはしばらく段ボールから出されもしなかった。

こんなにも生活がままならないのは初めてだった。そこからどのようにして暮らしを取り戻していったのかをどうしても、もう思い出せない。でも少しずつ、ゆっくりお茶を煎れたり机に座って食事をとったり、入浴してから眠りについたりできるようになった。頑張りきれない時もあることを受けとめて、くたびれた時に休む自分を許せるようになった。

もう覚えていない時間のなかでわたしは回復してきた。そしてこの部屋だけがそのことを知っているのだった。

２つの椅子をひとりで使い分けている。

ＭＡＩ
新潟県生まれ、東京都在住。作家でお笑い芸人で書店員。いまの部屋の鍵はまだ一度しかなくしていない。

マイプライベート・スポット。

ちいさな箱

就職を機に東京でひとり暮らしを始める。契約の次の日に母と大掃除、そして1日挟んで父と家具やら本やらを搬入。

もともと荷物が少ない私の引越しは、あっという間に済んだ。

午後5時過ぎ、引越し祝いを近くのお蕎麦屋さんで済ませ、美味しそうに一服しながらはらはらと手を振っている父と別れ、帰路についた。午後7時、築30年以上の古いアパートの重たい扉を開ける、靴を脱ぐ、シャワーを浴びる、パジャマに着替え、買ったばかりの座布団に腰掛ける、殺風景な部屋を見渡す。

……

夜、煙草を吸いに行く父の足音も、早く寝なさいよという母の小言も、自分の部屋の窓から微かに聞こえる電車の音も、聞こえない。

父の深緑色も、母の蜜柑色も、家中に満たされた薄桜色も、見えない。

父のじりっとした煙草の匂いも、母のふんわりとしたぬくい匂いも、匂わない。

嗚呼、これから自分で自分を生かすのだ。そんな当たり前の現実を、不安を、緊張を、そして何故か心地の良い孤独を、このワンルームが教えてくれる。

さてさて、ちいさな箱のような私のお部屋さん、これからどうぞよろしく。

部屋が狭すぎておおきく写すことが難しい……というわけで、お部屋の中心に居座っているちゃぶ台と座布団、そしてお気に入りの本たちをパシャリ。

きり

2000年神奈川県生まれ、東京都在住。伝統工芸品の販売員。絵描き。酒饅頭、おでん、日本蕎麦が好物。温泉に浸かっている時、幸せを感じる。真冬の霧の濃い朝が好き。

大好きなお酒たちを並べているちいさな棚。これから仲間が増えていくことが楽しみだ。

ホームアローン

初めてのひとり暮らし部屋は、最寄り駅まで徒歩2分。南向きで日当たり良好なうえ、目と鼻の先にコンビニやファミレスやハンバーガーショップまで用意されてしまっている。そんなありがたい物件にも、ひとつ大きな問題がある。非常に壁が薄いのだ。角部屋で安心したのも束の間、隣人の男子学生（遭遇せずとも声で分かる）の電話の声や、くしゃみひとつですらかなりの音量で伝わってきて驚いた。生活音なんてだれだって聞かれたくないに決まっている。入居当初は正直絶望していた。しかし、わたしはかなり大雑把なところがあるので、住めば都、ホームアローンな生活の中で、隣人の生活音はむしろ人の存在を感じて安心じゃないか、と前向きになっていた。ある夜、隣人がかなりの声量で叫び声をあげたことがあった。少し不快に思いつつも、わたしはそこで閃いた考えがあり、思い立ってテレビのリモコンでチャンネルを回した。ビンゴ。そこにはサッカー日本代表がゴールパフォーマンスをしている姿があった。父親と深夜にアラームをかけてふたりで起き出し、W杯を観ていた中3の冬。父の叫び声も母と妹を起こしてしまうほどうるさかったなあ、そんな記憶がよぎって可笑しかった。遭遇しなければ問題はないのだ。どうか隣人と私の生活リズムがずれ続けますように。そう願いながら、今日も部屋で鼻歌を歌う。

床は白いフロアシートを貼った。北欧のおうちの色使いに憧れている。

ほりかなは
2003年、京都府の北生まれ、京都市在住、学生、
物心ついたときからテレビっ子。

お笑い番組やバラエティー
番組が大好き。

あたたかな壁

秋が苦手だ。特に、夏と秋の変わり目は、程度の差こそあれ、毎年気持ちが沈み込む。湯船に浸かったり、しっかり寝たり、回復するためにできることはしていたけれど、大抵の場合、部屋を暗くして膝を抱えて、その息苦しさをやり過ごしていた。暗いのはいい。何も見えない暗闇はむしろ、あたたかい。

馴染みのない土地に引っ越した。部屋の決め手は幾つかあったが、その1つは壁が広いこと。真っ白な壁紙が貼られているだけの壁。最初はそこに好きなミュージシャンのポスターを貼っていた。暫くして、仲間が描いた絵や作品を貼るようになった。ある時友人が勝手に貼っていったアイドルのステッカーも、文句は言ったけれど剥がさずそのままにした。

また秋が来た。息苦しさをやり過ごす。けれども、今年は部屋の明かりを点けている。賑やかになった壁が、心なしかあたたかい気がした。

ベッドに腰掛けてひと息つく。そのままうたた寝するのが至福。

テラニシ・シュウヘイ

1993年東京都生まれ、京都府在住。喫茶店「パーラー喫茶結社」の主。怖いものはお客さんが来ない日の空調の音。愛おしいものは銭湯からの帰り道。

壁に貼り付けた１つ１つは、この町での記憶そのもの。

いいところのない部屋

この部屋に住んで4年経つ。１つ前のあいちトリエンナーレの頃、名古屋市長の態度にうんざりしながら引越したのを覚えている。

気に入ったのは立地と安さと、間取りの変さだ。１Kだが、1の部分が台形になって尖っている。その分すこし広くてすこし得した気になって、契約した。

それ以外は住んでみたら割と最悪で、北向きで冬は凍えるほど寒いのに夏は涼しくない。一口の電気コンロは理科の実験で使う電熱器みたいな渦巻型で、ある日突然壊れた。管理会社に申し出たら今風のツルッとしたＩＨ調理器に交換されたが、こまごましたものを炒めるのに便利だった玉子焼き器が反応しなくなった。

共用の階段の踊り場は雨が降ると水溜りになるし、壁には穴が空いていて、そのうち修繕されるだろうと思っていたのにそのまま4年経った。つい最近階段の塗装があったので、これはと期待したが、ただ手摺りが黒くなっただけだった。

何もいいところがないように思う。でも立地と安さと間取りがすこし変なのが結局気に入っている。

台形の部分。

むま
1985年生まれ。会社員。2018年に東京都から名古屋市へ転居。酔うとカップ焼きそばを爆買いする癖があり、積みそばが減らない。

この部屋で唯一成長しているもの。

半分以下の責任に守られる生活

家を出たのが遅い齢だった。三十過ぎて部屋を借りて、自分は暮らしに対してあまりにもたよりない。不規則な生活リズム。掃除洗濯整頓への病的な苦手意識。食事もおろそかになる、「暮らし」への極端な執着のなさ。自分の肉体を再生産し保持しつづける管理力を生み出すため、何かを支えにしておく必要があった。そこで選んだのが植物である。

例えば、歩いている折にふと誰かの家の植木鉢が目にとまる。ろくに世話などされていないだろうが、ほっといても植物は根を下ろす場所さえあれば何とでも育ってくれる。動物や魚なんかより現代の人間のお供にずっとふさわしい生き物なんじゃないか。過剰な接触も干渉もない、彼らの生命に対して人間が負うのは、そこに植えてやった、という半分以下の責任でいい。死に際も軽いもので、血も出ないから誰も目を背けない。色をうしない風になぶられていても、それが生き物の死体だとは思わない。わたしには最適な暮らしの支えである。

それで、ここに住んでから多くの植物たちを部屋で育てている。枯らした鉢はいくつもあり、けれど生き続けてくれているものも多くある。

明るいのが苦手なため、カーテンはつねに引いて家具も暗い色に。本棚と植物だけが色鮮やか。

磯貝依里
兵庫県宝塚市生まれ、大阪市在住。学校職員。完全な下戸であるにもかかわらず、かれこれ十数年ものあいだ夜はお酒の場に棲みつづけている。

なかでもコケリウムはとくに大事にしている。石に着生させた奥の水槽の苔は初めて自分で作ったもので、もう４年も一緒に暮らしている。

ヘヤがウチになるとき

実家と同じくらい、ひとり暮らしの部屋が落ち着く場所になったのは、いつからだっただろうか。

今の部屋が私の初めてのひとり暮らしの場所だ。最初は家具も床もピカピカのなか、自分だけが異物のような疎外感があり、実家が恋しくなることが多かった。そんな私と、この部屋を繋いだのは、間違いなく日記の存在だと思う。小学校のときに母親に貰ったことをきっかけにぽつぽつと書き始め、中学校に上がった頃から今日まで、ほとんど毎日欠かさず書いている。楽しかったことに浮かれたり、悲しさや悔しさで半泣きしたりしながら、日記があるこの部屋に帰る。部屋のなかが、一番自分の感情と向き合う場所になってきた。

よそよそしく感じた部屋も、私が部屋に馴染んだのか、部屋が私に馴染んだのか、今は一緒に生活をしているように感じる。ひとり暮らしの楽しさと少しの寂しさを分け合ってきたこの部屋と、大学を卒業するまでの残り1年と少し、仲良くやっていけたらいいと思う。

最初はオシャレカーペットを敷いていたが、掃除がしにくいのですぐにやめた。

河村ほの
2002年生まれ、東京都在住。大学生。本は背表紙で選ぶ派。本屋さんや図書館の本棚を、背表紙を見ながら何周も練り歩くのが至福のとき。

日記はついに6冊目に突入した。書いている間、「丁寧な暮らし」気分になれて楽しい。

ええやんええやん！

「お母さんな、あんたには彼氏と結婚してあの部屋から出て欲しいと思ってる。北向きやし、エアコン古くて空気も悪いし……咳喘息になったのもそのせい」。母親曰く「普通の家」を逃げるようにして出て私がたどり着いた、シェルターのようなこの部屋。いつの間にか諸悪の根源になっていた。どこから、あと何度、説明すれば。急速に心がしぼんでいく。心配してるからって何を言ってもいいわけじゃない、とだけ返した。

そんな時、部屋に来た人が暖かい風を吹き込んでくれた。室内を見回して「私もひとり暮らししたい」と目を輝かせた年下の友人。取材のため訪れた、ある本の制作チームの方々。生活する中で電子レンジが嫌いなことに気づいて手放した話をした。同じ話を聞いた母親はその後、幾度となく「まだ電子レンジ買ってないの？　買ったげるのに」と私に言ったものだが、電子レンジを愛用している人にも面白がられるような話を、暮らしを、私はしていたのだ。フォトグラファーのAさんの「ええやんええやん！」という明るい声が今でも心に残っている。

帰宅してドアを開けてまず目に入る、健気に炊飯する姿。ランプの光にほっとします。

かみのけモツレク
1989年生まれ、奈良県在住。やりたくないことはしない。ノーブラでひと夏過ごして思ったことを書いた「ノーブラZINE」を発行中。

キティちゃんのマグネット広告は捨てずにとっておく。そんな話をしたら、母がたくさん集めておいてくれました。

マリー、何だってやればいいよ

ベッドの上で、白っぽい滑らかな布地に覆われたクマのような形をした物体が、お腹を向けて寝転んでいる。彼の名は、もちくま。就職した年の2014年に、吉祥寺パルコ裏にある雑貨屋さんで購入したぬいぐるみだ。同棲していた時も、介護で実家に戻った時も、そして今回のひとり暮らしも、もちくまはトテトテと歩き私についてきてくれた。腹ばいの姿勢にペロッと舌を出した姿がキュートなもちくまだが、いままでかなり苦労させた。辛くて悲しいことが多かったから、もちくまは私の涙を吸って少し汚くなっている。それがいまは、お香をたきながら、ベッドのふちに腰掛けてレコードでジャズを一緒に聴いたりしている。この幸せがたまに不安になる。

「もちくま、私いま全てから解放されて、気楽で、こんなに幸せでいいの?」「マリー(もちくまは私をこう呼ぶ)はいままで頑張ったんだから。やりたいことをやればいい。僕はね、ジャームッシュの映画に出たい。マリーは何がしたい?」

ベッドからターンテーブルまで３歩の好立地。もちくまは私が帰るまで寝ている。

秋山茉莉奈
１９９１年生まれ、東京都在住。地方公務員として働きながら、ライターやＤＪとしても活動中。クラブ帰りにメイクをきちんと落とすのは、もちくまの叱責のおかげ。

もちくまは大のジャームッシュ好き。いつか作品に出てみたいんだって。その夢、叶うよ。

てきとうなカーテン

引っ越しをして2年が経つけれど、前の家のサイズのカーテンを使っている。カーテンを買うぐらいなら、洋服をもう3枚買いたい。カーテンよりも洋服が欲しいと言う割に、洋服を大切にできていない。洗濯物はカーテンレールに干しっぱなし。せっかくちょっとリッチな柔軟剤を使っているのに、全然意味がない。お母さんに見られたら、だらしないって怒られそう。カーテンがてきとうでも、カーテンレールを物干し竿兼クローゼットにしていても、生活はできる。ちゃんとした生活なんてしなくてもいい。将来結婚とかしたら、洗濯物たくさん畳まないといけないし、それまでパワーを温存しておこう。

そう思っていたけれど、ちぐはぐなカーテンと乱雑に干された大量の洗濯物を写真に撮ってみると、さすがに虚しい。カーテンも洋服もカーテンレールも可哀想。生活パワーって、よく考えたら温存できるものじゃないよな……。晴れの日はベランダに干そう。てきとうなカーテンを探そう。

いつか飽きるのが怖くてベージュで揃えた部屋。ベット下に隠した参考書を整理しないと。

服部未佳

2001年生まれ、東京都在住。大学生。朝ごはんを食べながら新聞を読むこと、ラジオを聴きながらお酒を飲みながら、夜ご飯をつくることが習慣。真夏も湯船に浸かる。

実際はもっとすごい量の洗濯物がかかっています。ベランダの外に出たことないかも。

対クローゼット

私の部屋には大きなクローゼットがある。6帖の部屋では異質な存在感があり、入居したての頃は新生活への不安も相まって、それに押しつぶされそうに感じた。しかしここでの暮らしに慣れるにつれ、私を威圧するそれに反撃したいと思いはじめた。クローゼットを部屋に溶け込ませてやろうと意気込んだ私だが、場所を移すくらいのアイデアしかなく、部屋の形などからして実現は難しい。それに嘲笑われる日々は続いていた。

ところが梅雨のある日、溜め込んだ洗濯物に対して部屋干しのスペースが足らず、仕方なくクローゼットにタオルをかけたところ、部屋全体と同化して異質さがいくらか抑えられた。私はしめた、と思い、机周りの壁や冷蔵庫にしているのと同じようにポストカードなどをそれに貼ってみる。するとかなり馴染んでいる。こうしてクローゼットはついに私のものとなった。戦いを終えて部屋全体を眺めると、クローゼットへの親しみだけでなく、部屋自体への愛着がどんどん増していくのを感じた。

左にクローゼットがあります。ベッドで目覚めると目の前から迫ってくる感じがします。

ろくちゃん
2004年生まれ、京都府在住の大学生です。大学のビッグバンドとオーケストラでトランペット担当なので、部屋ではよく楽器磨きや譜読み、曲鑑賞をします。

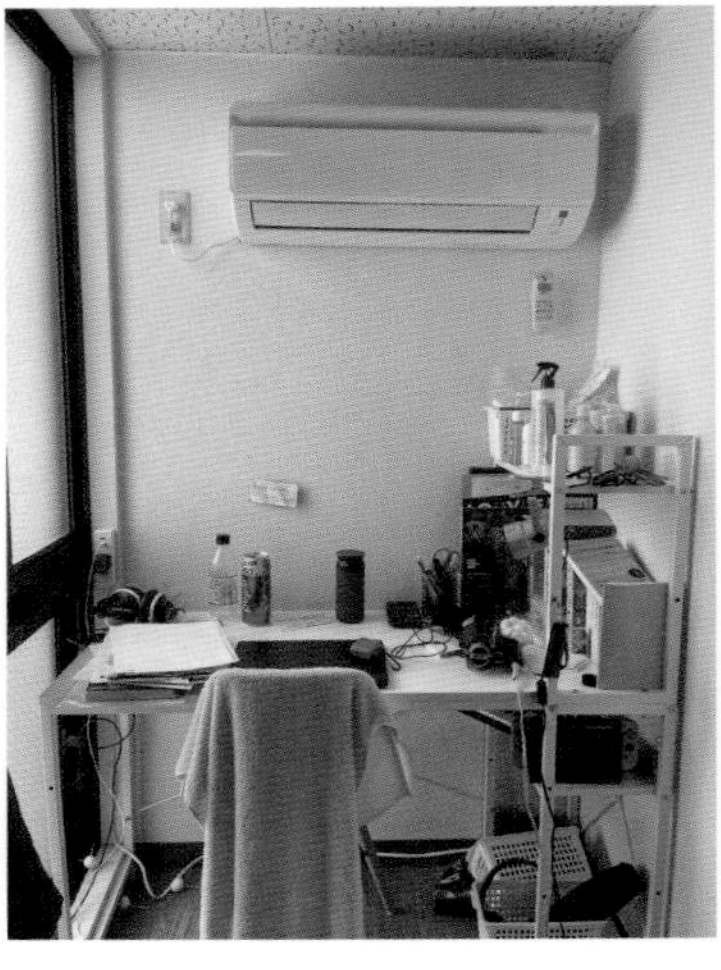

窓際の飛び出た部分を書斎のようにしました。何もかもここでするので散らかります。

角部屋の生きたスペース

外見が、その人の内面の一番外側というのなら、部屋の中というのも、住んでいるその人の内面を紹介してくれるのかもしれない。

私の部屋の隅には、角部屋の特徴であるデッドスペースがある。私は小さい頃から、どうしようもない出っ張りに物を置いたり、家具の配置の関係で空いてしまったスペースに物を収めたりするのが好きだった。私にとってひとり暮らしの家はただの仮住まいなので、この部屋でなくてはならない理由はないのだと思う。ただ1つ、この部屋の隅のデッドスペースは、この部屋が私のもので、これが私だと紹介してくれる。後輩からの色紙や高校時代の部活仲間と撮った写真、祖母から毎年誕生日に届く絵葉書、入居時からずっと私だけの時間を刻み続ける時計は、あのデッドスペースと呼ばれてしまう空間にこそ置いておきたい。この空間を綺麗に保てるくらいには、せわしない日常に「待った」をかけて、日々を過ごしていきたいと思う。

不可抗力で本が増えていく。

足立汐音
2000年山口県生まれ、広島県在住。大学生。週末に開かれるおうち居酒屋で日々を乗り切る。

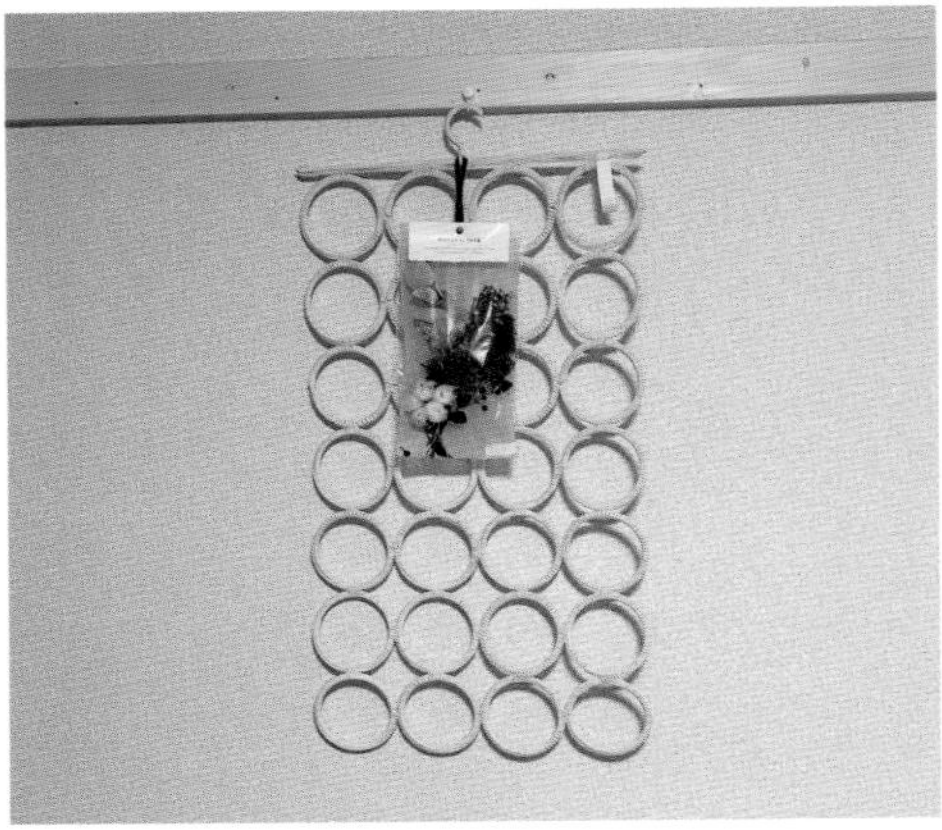

仲間入りして3年目の、いまだ使い方が分からないこれ。なぜか愛着がわいてしまう。

新しい生活に向けて

「ガタン、ゴトン、ガタン、ゴトン」電車の音で目が覚める。

2023年8月16日、転職に伴い、6年間住んだ東京都国立市を離れて、横浜市の南太田駅の近くに引っ越した。ある程度の生活と仕事ができる環境を整えて、どういった部屋にするのか考えている。

「ガタン、ゴトン、ガタン、ゴトン」また聞こえてくるこの音。

そう、ここは電車の音がうるさいのだ。

「これが駅近生活？　いや、近すぎやろ！」と部屋にツッコミを入れるところから始まった新生活。

「何よりも音対策！」ということで作ったのが、このダンボールの防音壁だ。ダンボールを重ねただけの壁だが、幾分か音の反響が抑えられたと思う。

今は、この壁がここでの最善のインテリア！

けれど、箱の中のものを出せば壁は低くなり、さらに部屋が整えば、この壁はなくなるだろう。

最善策はいつも姿を変えていく。

これからの新生活に向けて、部屋も私自身も楽しく変化していければと思う。

ダンボール防音壁、横で寝ていると倉庫にいる気分になる。

アカダリュウイチ
1988年岡山県生まれ、横浜市在住。グラフィックデザイナー。小鳥書房の『本屋夜話 小鳥書房文学賞詞華集』のデザインなど。Instagram：@akada_design

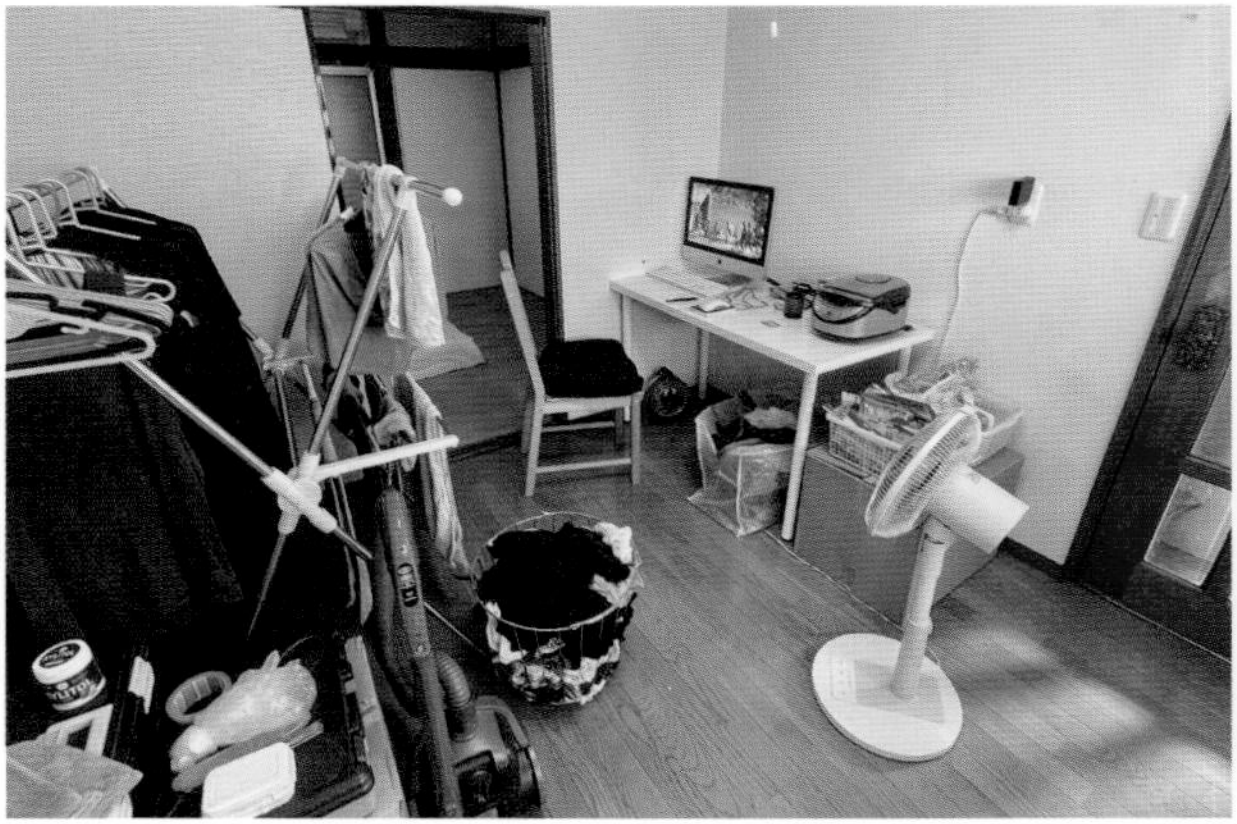

引っ越して2日目の部屋。

狭い部屋の心地よさ

美大生の朝は早い……と言いたいところだがそんなことはない。北陸の痺れる寒さに耐えながら8時起床。車で通学し授業と作品制作を終えて22時前に帰宅、お風呂に浸かり就寝。というのが今現在のルーティンである。実質部屋にいる時間は1日の半分以下であるが、それでもこの部屋は私のお気に入りだ。毎日たっぷり睡眠をとって1日の疲れを癒す場所でもあるし、作品のコンセプトが行き詰まる時などはこの部屋で過ごすあたたかい時間に何度も助けられてきた。大切なアイテムが散りばめられているのはもちろん、とびきり気に入っているポイントはその「狭さ」で、約5・5畳のこぢんまりとした空間がとても快適なのである。暮らしの中でも不便に思うことはなく、むしろ怠惰ゆえ、ベッドから出ずとも全てのものに手が届くのが楽でしょうがない。私がこの部屋で過ごせるリミットはあと1年半。1日1日を大切に、この狭さの心地よさを堪能したいと思う。

かなりコンパクトな室内。冬は暖房ガンガン＆一人用のこたつに閉じこもりがち……。

兼島　瞳

2002年東京都生まれ、富山県在住。大学生。大学では彫刻と美術教育について勉強しています。卒業後は美術の先生になるのが目標。

一緒に寝させていただいているぬいぐるみの皆様。

フレックスデイズ、またの名を自堕落

「大学生になったらひとり暮らしするんや！」と言い出したのは小学生のころだった。以来、不動産屋チラシの見取り図に家具を書き込んだり、家具量販店でおしゃれな空間に目を輝かせたり、理想のひとり暮らしを夢想した。

夢は案外すんなりと叶った。上京し、自分だけの城を手に入れたのである。家事は得意な方だし、規則正しい生活習慣が体に染み込んでいるし、完璧なひとり暮らしをする自信があった。

さて、数年が経った現在。私は布団に寝転がっている。今日は1日パジャマのまま、だらだら過ごした。料理と洗濯をしなければならないが面倒くさい。勉強も溜まっているが机に向かいたくない。もう起き上がるのが億劫だ。

典型的なだらしないひとり暮らしである。こんな生活のために実家を出たのではないと、理想と現実の乖離に懊悩するばかり。自活する意志と能力があっても、理想通りが続くとは限らない。

でも、型にはまらない腑抜けた生活に、ちょっぴり幸せを見出す己もいるのである。

ベッドから起き上がった時の光景。まあまず起き上がらないんですけど。

はしもとあい

神戸っ子、今は都内の怠惰な学生。森羅万象イヤイヤ期の20代ゆえ、家事と勉強を相手に日々孤軍奮闘している。特に洗濯やアラビア語と頻繁に交戦しがち。

机に向かうモチベーションを少しでも上げるべく、最近、壁にいろいろ貼ってみた。

私の小さな都会の部屋

私の部屋は、7畳一間の小さな空間だ。大学進学と同時に東京へ移り、この部屋での暮らしがはじまった。静かな田舎の大きな家での家族暮らしが染みついてしまっていた私にとって、都会の小さな部屋はとても簡素で、今でもときどき寂しさを感じる。ただ、はじめは新居感が漂っていた部屋も、時間がたつにつれて、だんだんと自分色に染まりつつあり、外から帰ってくると、あぁ、帰ってきたなという感覚を持てるようになってきた。

自分で買ったものが増えてくると、自分の家であるという感覚が芽生えてくる。最近我が家の仲間入りをしたのは、扇風機だ。1年目の夏は、何とか団扇でのりきったが、さすがに倒れてしまうということで今年の夏に購入した。28畳用の扇風機は、小さな部屋には少しオーバースペックで、しばしば貼り紙や小物が飛ばされるのが悩みどころだ。

この先も慣れることはないであろう都会でのひとり暮らしだが、いつか落ち着く場所になったらいいな、と思いつつ、田舎の家では聞こえてこなかった外の車の音を聞きながら、扇風機の風を感じている。

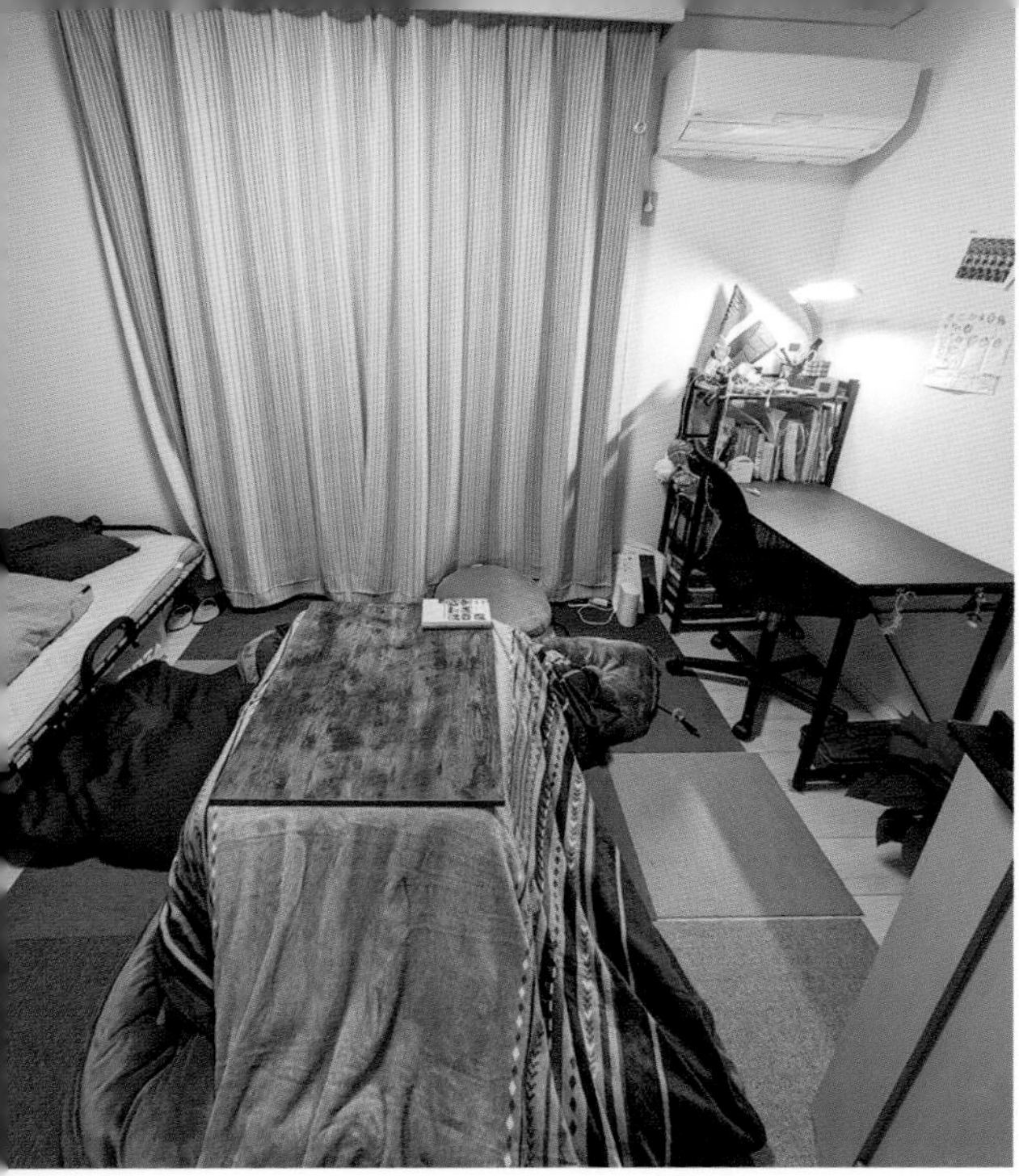

部屋の明かりを消して電気スタンドの電気だけをつけると、勉強が捗る。

高坂悠太郎
2004年生まれ、長野県阿智村育ち。東京都在住の学生。田舎者の片鱗がまだ消えず、都会の小さな自然を求めて、日々のお散歩を楽しんでいます。

毎朝私を起こしてくれるウルトラマンの目覚まし時計。今年で14年目のお付き合い。

こんな部屋だったか

部屋についてのエッセイ。話を聞き、さて書こうかと思ったら私はある事に気が付いた。自分の部屋の様子がぼんやりしか思い出せない。戸惑ったが、よく考えたら私はとにかく家にいる時間が短い。昼間は大学に行っているし、夜は1時過ぎまで仕事がある。まあまあ酔っ払い、その後は自分の趣味を外で楽しむため、帰宅は朝方近い。部屋にいるのなんて長くて5時間程度なのだ。早めに帰宅し、部屋の様子を見てみる。そこそこ良い立地のマンション。家具はベッドとテーブルと棚くらいで、あとは唯一ペットくらい可愛がってるルンバが部屋の隅に鎮座している。机の上には大学で使うパソコンや辞書、レジュメが広げっぱなし。意外と大学生をしていた。でもクローゼット付近の床を見ると自分でお金を貯めて買ったり、お客さんに買ってもらったりしたハイブランドのカバンやアクセサリーが転がっている。全部そこそこ高かった気がする。急に大学生感0である。部屋はその人のことを映すとよくいうが、こんなにもアンバランスになるのか、自分でも驚いた。この先どう生きて、どんな物が多い部屋になるのか。まだまっさらな来月のカレンダーを見て自分のこの先の人生に少し興味が湧いた。

家具は白やピンクで揃えていますが、全て私が適当に組み立てたので、ギシギシいいます。

黒川 心

2002年生まれ、東京都新宿区在住。大学に行きながら飲み屋で働いています。かっこよくて始めたシーシャにどハマりしたので、部屋に買おうか迷っています。

お気に入りの棚。ミセスのライブグッズは、夜光らせると綺麗です。

5階508号室、7畳

見渡してみる。狭いけど、らぶ。私が今まで住んできた部屋で一番好き。欲張る余地はなく、全てに手が届き、物たちは選抜されマルチに活躍中。東向きのベランダから日が入る。朝は明るく、昼は涼しく、そして夕暮れをそれとなく感じて。朝起きたら、布団は必ず畳む。日中の動線を確保。洗濯機を外置きするって地元ではあり得ない、ドラマの世界みたいだ。サカイの段ボールが主役になってるけど、ゆくゆくは素敵なインテリアと仲良く時間を過ごせたらいいな。

引っ越しが重なるうちは、ものが増えないようにね、気をつけてる。でもなぜ？　増える。せっかく本棚をデスクの代わりに再利用して、新たな買い物をセーブできたのに、なのに、メイク道具はめちゃ多い。

狭いってネガティブなのか？　いや、きっと違う。

すぐ両手いっぱい、ぎゅうぎゅうになる。

心地よさと不快さのバランスを探る醍醐味がそこにはある。

不意に、次の引っ越しどうしたらいいんだろ？

同時に、またそのとき考えればいいんだって自己完結しながら。

布団を畳んで生まれるスペースが好き。奇跡的な引きの画角から、収納難民の本と共に。

佐藤和花子
2000年北海道生まれ、大阪府在住。フリーター。大学卒業後、両親から1年のお暇をいただき、ゆらゆら生きている。その時々の気分を大切にするのがマイブーム。

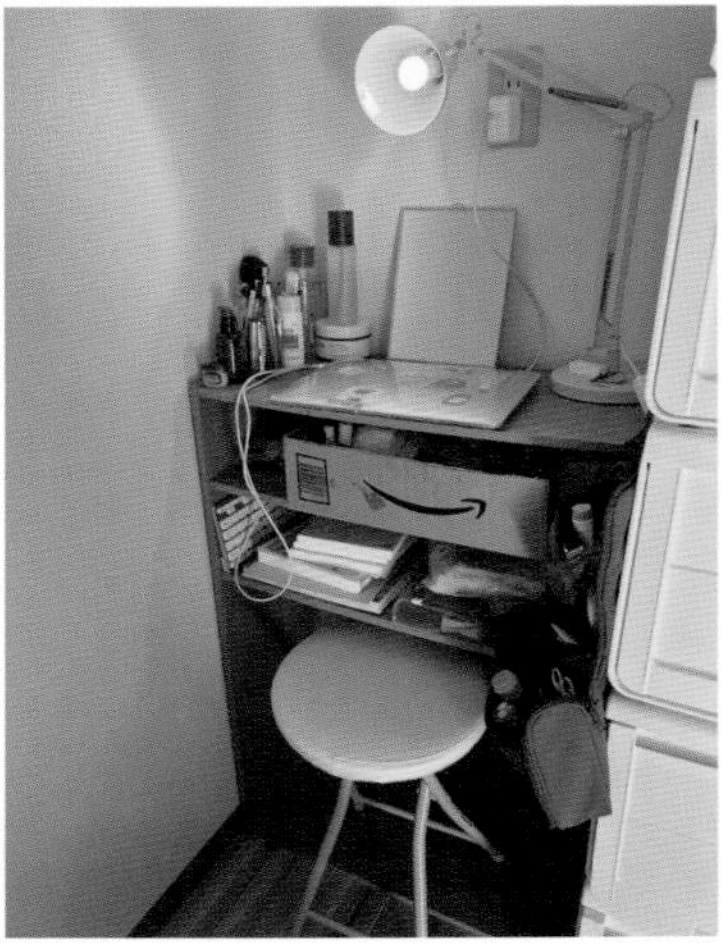

メイクも勉強も会議もこの狭い棚で。容量限界間近のお手製メイク箱、まだまだ元気。

ひとり暮らしのハッピーライフ

この部屋に住み始めて早1年。初めてのひとり暮らしである。未だに家具や調理器具がそろっておらず、段ボールも全然片づいていない。グッズ収集癖があるオタク故に荷物が多いのだ。ネットでオシャレな部屋を検索しては憧れを抱いている。そんな私の部屋だが、住み心地はとてもいい。なんとこの部屋、怖いほど静かなのだ。私の部屋だけ異世界にあるのではと思うほどに。大家さん曰く、以前住んでいた人も同じことを言っていたらしい。どうやら、異世界に通じているのは私の部屋だけではなかったようだ。そしてこの部屋、内装がとてもオシャンティである。北欧インテリアが好きな私は、一目見て内装を気に入った。圧迫感のない白と、木の温もりに包まれながら、ゆったりくつろぐことができる。くつろぎすぎて、気づけば1日が終わっている。早く段ボールを片づけたいのに……。こんな素敵な部屋で推したちに囲まれながら、ひとり暮らしのハッピーライフを満喫している。

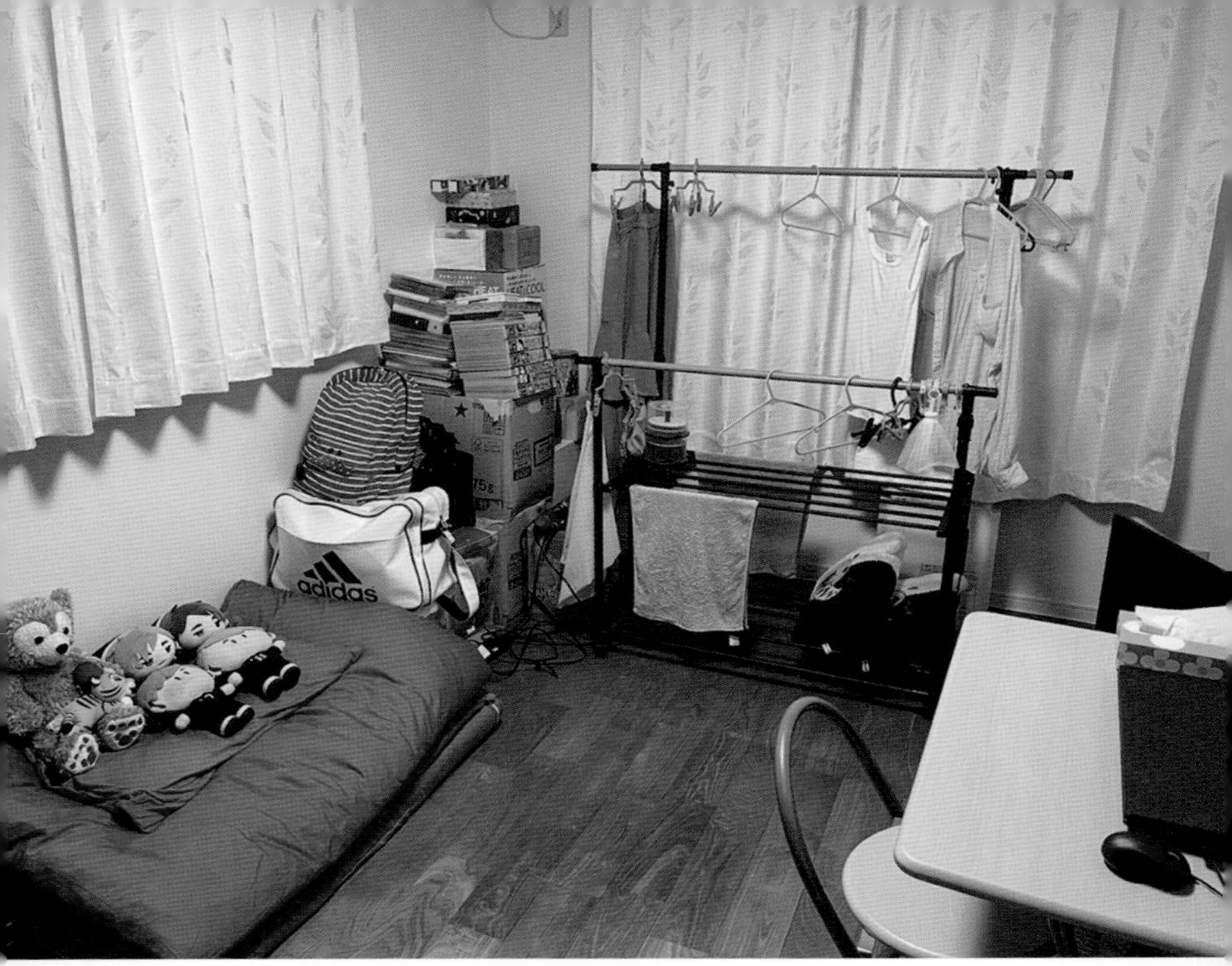

一生片づかない段ボール。今の収入では家具など買えない。無念。

髙塚小春
1998年静岡県生まれ、東京都在住。ひよっこの編集部員。休日は家から出たくないが、大好きなマンガやアニメ、推しのためなら朝早くから出かけて1日をささげる。

ここが私のオアシス。マンガを読んでいるときは、嫌なことを忘れることができる。

数か月前の自分へ。元気にやっています。

たったの5か月でこんなに部屋の雰囲気って変わるんだ、とふと気づいた。越してきたばかりの頃の自分は、この部屋でずっとメソメソしていた。優しく花開く桜を一緒に見る人がいないことや馴染みの景色がどこにもないこと、会いたい人がみんな遠くにいるという事実に泣いた。

8月になった今、この部屋にはお気に入りの本たちが詰まっている本棚があるし、仕事で出会った素敵な陶芸作家さんの可愛らしいオブジェが飾られているし、同期や先輩が遊びに来てくれるようになった。何より、最初は哀しみや不安で飽和しそうだった部屋が、やる気や未来への期待、楽しいという感情で充満している。仕事が上手くいかなくて自己嫌悪いっぱいの時も疲れてくたくたの時もあるけれど、安心して帰れる場所が、この地にもできたんだ。

まだまだ駆け出しだけれど、編集者になる夢をここで叶えている。私には他にも叶えたい夢がたくさんある。日々に必死に食らいつきながら、この地で、この部屋でできる準備を進めたい。

南向きで広々とした部屋。家具は尾道で初めてひとり暮らしをした時に揃えたものばかり。

くるみ
2000年生まれ、徳島県徳島市在住。駆け出しの編集者。この部屋で一番口にしたのはチーズとビール。オレンジのライトをつけ、読書したり洋画を観たりするのが至福の時間。

本、ポストカード、ぬいぐるみなどのお気に入りをぎゅぎゅっと。

犬の鳴き声《わんわん》で目が覚める。

起き上がって窓から外を見下ろすと、川が流れていて、その横に遊歩道が見える。ランニングをしているおじいさんや、通学途中の子供が見える。一番の目的は、犬の散歩をしている人と犬で、ニット帽をかぶったペギニーズや、颯爽と歩くシベリアンハスキー、ベビーカーに乗せられている3匹のポメラニアンたちを飼い主が押す、その姿を眺める。ただこれだけのことが日々を生きるための心の支えになっている。「今日もご機嫌だね？」と呼びかけてみる。すると、偶然なのか、時々、しっぽを振ってこちらを見上げてくる犬がいる。

窓を開ける。殺風景な部屋の中に柔らかい空気が流れる。

ロボット掃除機のサイドブラシが詰まっています

異国の地にスーツケースひとつで越してきた。中身は最低限の衣類と、ロボット掃除機。ひとりぼっちが苦手で、何かしら動くものと一緒に暮らしたかった。日曜を除く毎朝9時に、それはけたたましい起動音と共に意気揚々とリビングへ繰り出す。が、ものの数十分で立ち往生する。いやいや、できるだけあなたが動きやすいように部屋を整えたでしょう。どうして観葉植物を延々と小突き回したのちに、遠路はるばる食卓の下までやって来て駄々をこねるのだい。

ドイツで美味しいものや気の利いた服を見つけるのは一苦労だが、住まいを素敵に飾るのは容易い。高い天井に白い漆喰の壁、大きな窓に木のフローリング。ポテンシャルの高いハコに、お気に入りの家具がフィットしていくのは一等気分がいい。インテリアに溶け込めなかったロボット掃除機は、今はテレビ台の下に隠すように配置されている。通知センターに溜まった孤独な機械からのメッセージを、私は淡々と削除する。

帰宅後に直行するロッキングチェア。最近はソファがそのポジションを脅かしている。

クラハシナホ
1992年生まれ、ドイツ在住。大学で博士研究員をしています。最近ビール瓶を栓抜きなしで開けられるようになりました。

現場写真。大概大学にいる間にヘルプ通知が来るもので、特に何もできない。

トイプーに見送られて

7月になって今のマンションに引っ越した。ずっと住んでいた実家を離れて。遅すぎたのかもしれない。なにをしていたんだと思うけれど。私が出ていく1ヶ月前に、両親は寂しかったのかトイプーの子犬を家に迎えいれた。私を見つめてしっぽを振り続けるトイプーを母が抱きあげ、玄関で見送ってくれた。犬のしっぽにあわせて私も手を振った。

実家にあった本。家を出る前に、棚から何冊か選びダンボールに詰めていった。傍に置いておきたい言葉を選んでいく。「書いた本人に会わなくてもいい」と言われた。「本の中の言葉と作者は別。その本が全てだから」と、ある作家に会おうとしたら電話越しで言われ断られたことがあった。その時は、その作家に会えないことがただ悲しかったけど、今では会う必要などなかったのだと思う。本の中にはその人の言葉だけが残っていて、時々、その言葉に向き合っていけばいいのかもしれない。その作家は今では、もうこの世にはいないけれども。新しい部屋に引っ越して、ダンボールに入った本を隙間だらけの棚に並べながら、そんなことをぼんやり考えてみる。

犬好きだけど、気づくと猫の絵が描かれたモノを集めている。

田中さとみ
1986年鳥取県生まれ、東京都在住。詩人。古書店員。休みの日になるとふらふらと古本を探しにいく。もしかしたら、詩を書いている時よりも真剣な顔をしているかもしれない。

最近、ホラー漫画にハマっています。不思議と癒される。心の滋養(?)。

つもる思い出、やどる想い

ひとり暮らしを始めて15年。その間ずっと寄り添ってくれた存在がいます。君にはどれだけお世話になったでしょうか。大阪、東京、愛知、小豆島と住む場所が変わっても、常にそばにいましたね。

お酒を買い過ぎて長いため息をつかれたり、彼女に振る舞う料理の練習に何度も付き合ってくれたり。さみしい夜に「きゅうっ」と鳴いて励ましてくれたり。買いだめしすぎて不機嫌になり、賞味期限が切れるまで調味料を隠した事もありましたね。先輩の軽トラに乗り、お互い汗だくになりながら引っ越したのも楽しかった。

でも、今年の夏を乗り越えることはついにできませんでした。君が動かなくなって2か月。君のいない暮らしは胸にぽっかりと穴が空いたようで、何よりとても不便です。でも、未だに新しい相手を見つける気になりません。もうしばらく、君の事を思い起こしながらこの不便な暮らしを楽しもうと思います。

National NR-B143J
15年間、本当にありがとう。

現在は２階建ての一軒家にひとり暮らし。蔵書数のストッパーが壊れました。

田山直樹
１９９０年生まれ、香川県の小豆島在住。本屋「TUG BOOKS」店主。冷蔵庫でさえこれだけ情が移るのだから、付喪神も実在するんだろうな、と思っています。

苦楽を共にした冷蔵庫。
今は常温の食料を貯蔵
する倉庫になっています。

望んでもいないのに光り輝いている

日当たりが良すぎる。カーテンから突き抜けてくる力強い日光は、陰鬱な自分を咎めるかのように襲いかかってくるので、朝を迎えるたびに辟易としてしまう。やめてよ、という気持ちになっても自然は人を無視するばかりだ。

地元神奈川からよっこらせと東京に出てきてから随分経っているが、いまだに自宅に対するこだわりがなく、生活感はあるのに空虚な、日当たりだけが良い部屋に私はいる。東京に住んだら、こんなに日に当たることはないと思っていたのに。しかし、ひとつだけ朝日に親近感をおぼえる瞬間がある。早朝、目が覚めてキッチンで水をコップにつぐ時間。そのときだけ、朝日は寂寥を帯びる光となって私を照らしてくれるのだ。寂しい気持ちになるのは嬉しい。だってひとりじゃないような気がするでしょう。

遮光カーテンに覆われてもなお明るい部屋で毎日生きている。これが美しいことなのか醜いことなのか、ひとり暮らしを6年続けてもまだわかっていない。

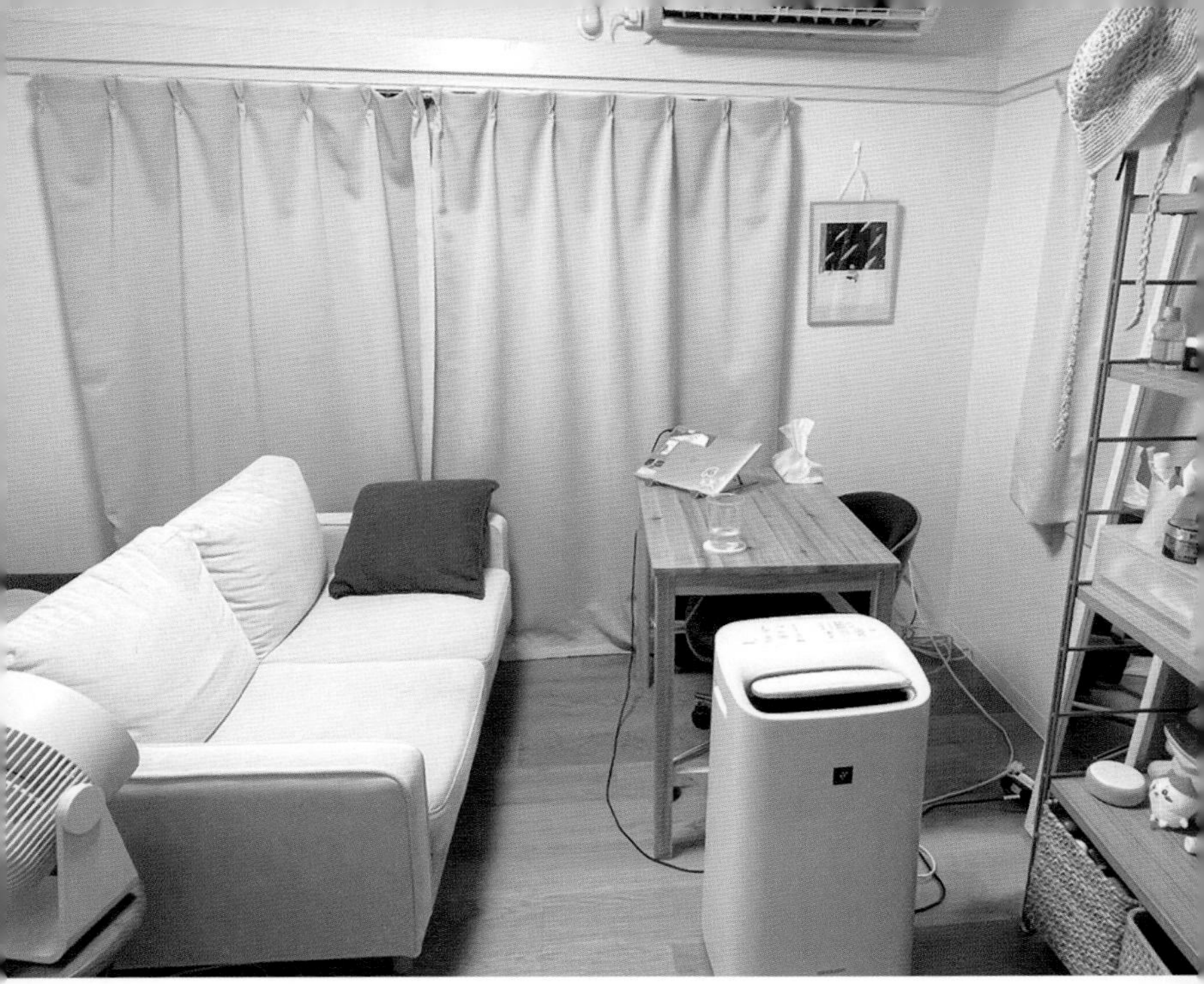

訪れた人に「部屋を模したスタジオみたいな現実味のなさ」と言わしめた居住スペース。

串岡七瀬
1995年生まれ、東京都在住。会社員をしながら、エッセイをZINEにして発表している。文化的なものと喋ることが好きで、時々ひとりの部屋で壁に向かって喋っています。

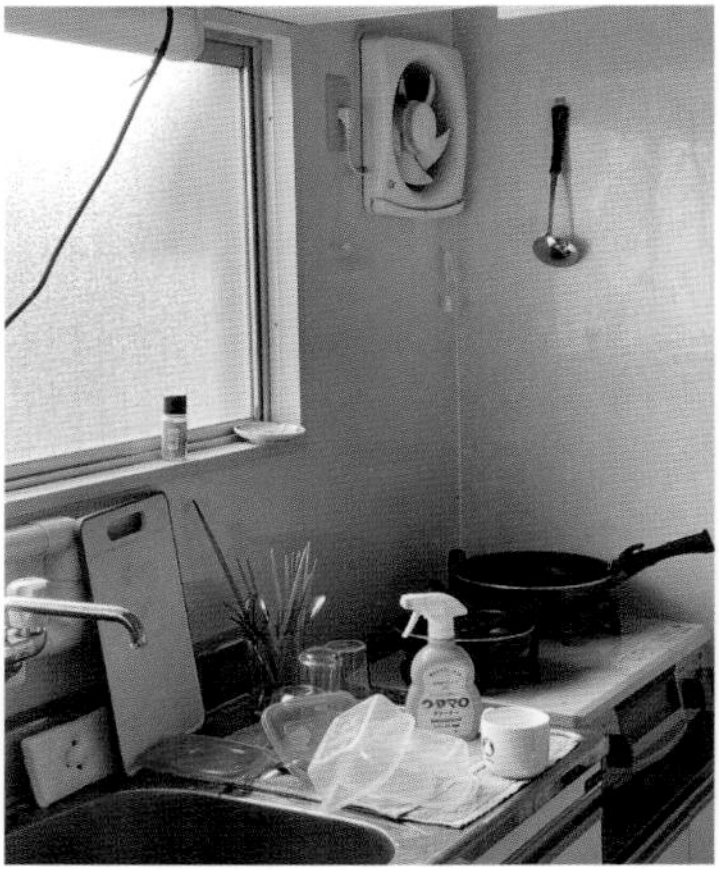

早朝は柔らかい光が差す。申し訳程度に貼ったUVカットシールは端が剥がれている。

編む部屋

ふとしたことで社会的なことが一切出来なくなる恐怖がある。散らかってる床を見て、パンパンのポストを見て、雨に打たれたシーツを見て、生活の全てが嫌になってしまう自分が容易に想像できる。恐怖に打ち勝つため、仕方なく毎日ポストを開けて、洗濯をして、ルンバを起動している。

部屋では主に編み物をしている。オードリー若林が深夜に代々木公園でスリーポイントシュートを打つのと同じような位置づけである。手編みの温かさとか、心が整うとか、自分を取り戻せるとかでなく、ひたすらめんどくさがりながら編んでいて、半ば癇癪を起こしてもいる。

毛糸で部屋の物が増えるのも嫌だし机の上が散らかるのも嫌だし、編んだものがひたすら溜まるのも嫌だ。

でもかなり編んでいるので、編み物が嫌にならない程度に部屋を散らかさなければ、多分ぎりぎりでも全てが嫌にならずに生きていけるんだと思う。

次に引っ越すときは犬を飼いたい、あと編み物ができたらそれで大丈夫っぽい。

どうしても部屋に花を飾りたい気分だったが仏花しかなかった。

さいとう
1987年広島県生まれ、在住。会社員。編み物が趣味。
2chの部屋晒しスレをとにかく見ていた。

実家からもらってきたスチール棚に全てをしまっていて、リモコンもくっつけている。

ただ飛行機の音を聞く

仮住まいのつもりで住み始めたものの、今年の春に契約を更新してしまった。店へのアクセスが良くて寝床とシャワーがあれば、他に望むものは特になかった。いや、キッチンはもっと広いほうがよかった。広々としたキッチンで料理をするとストレス解消になる。狭いキッチンで料理をするとストレスを感じる。今も仮住まいのつもりでいるので、最低限の家電とベッドくらいしか持っていない。部屋の片側にベッド。反対側は白い壁。何も置いていない。プロジェクターがあればけっこう楽しめそうだ。

この辺りは飛行機が頻繁に飛んでいく。飛行機の音が聞こえてくると、何か考え事をしていても一旦それを止めるようにしている。音が遠のいて完全に聞こえなくなるまで、何も考えずにただ耳を澄ませる。ここに住み始めてからこの習慣ができた。特に意味はない。毎日だいたい朝9時くらいから聞こえてくるから、まどろみの中でただ飛行機の音を聞く。起きるきっかけになることもあれば、再び寝入ることもある。

ベッドから撮影。プロジェクターで何かを映してみたい。あと冬服を片付けたい。

尾崎大輔
1982年生まれ、東京都在住。本屋「BREWBOOKS」店主。自宅ではすごく度数の低いレモンハイを作って飲んでいます。酔わないので色々な作業が捗ります。

朝起きた時の眺め。建物の隙間から空が見える。飛行機は見えない。音だけが聞こえる。

はみ出していく

集合ポストの前で鍵を探していると、お隣さんの郵便受けから手紙がはみ出しているのが見えた。中がいっぱいなのだろう。すぐそばに貼られている「チラシ・セールス・勧誘すべてお断り」のお願いは壁紙の一部となり、特に炎天下の中、ノルマを抱えて街を回る人の脳には届いていない。ちょうど《速達》だけ見える。インクが掠れた判子は、人の手で押されている。

翌日、鍵を探す手が止まる。まだ速達がはみ出ていたのだ。更に翌日。その翌日。さすがに今日あったらとやや期待して帰るともうそこに赤い判子の姿はなく、こういうもんだよなあと思う。

最小限の電気をつける。ねえ、聞いて。お隣さんのポストから速達の手紙がはみ出てるんだけど、あれもう4日目なんだよね。もし誰かと暮らしていれば、靴を脱いですぐそんな話ができたんだろうか。どうして速達で送る必要があって、受け取れない間にどんなドラマがあったのか、考察に盛り上がる時間があったんだろうか。SNSを見ないで寝ちゃったりするんだろうか。ひとりの部屋。わたしとはなんら関係のない、1枚の手紙。

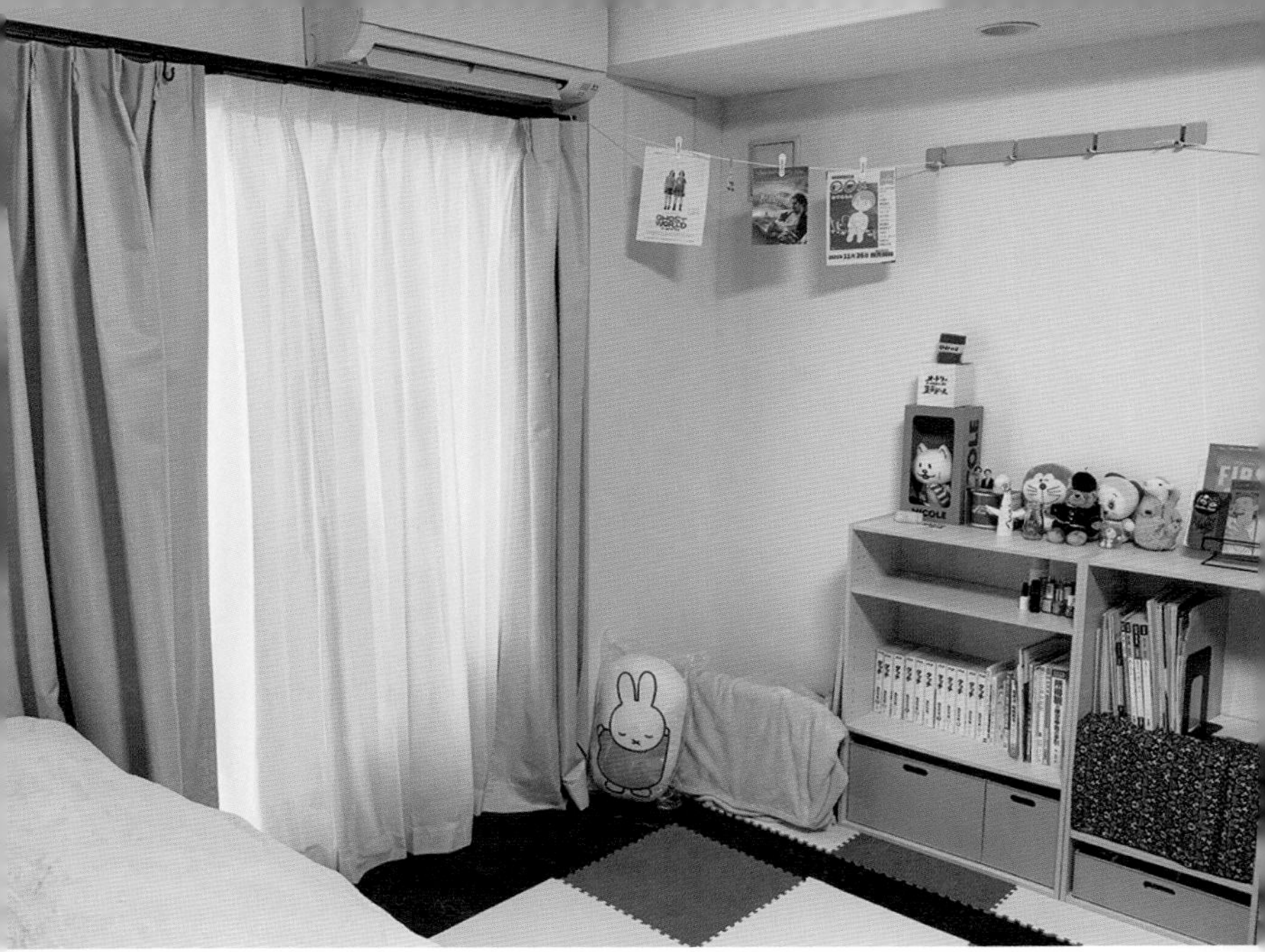

窓の分け方に合わせておばあちゃんが縫ってくれたカーテンがお気に入り。

かんのかな
1998年生まれ、京都府在住。事務職。友人たちと○○×（まるまるばつ）という名前で短編集やエッセイ集を作っています。ハイボールやジンが好き。

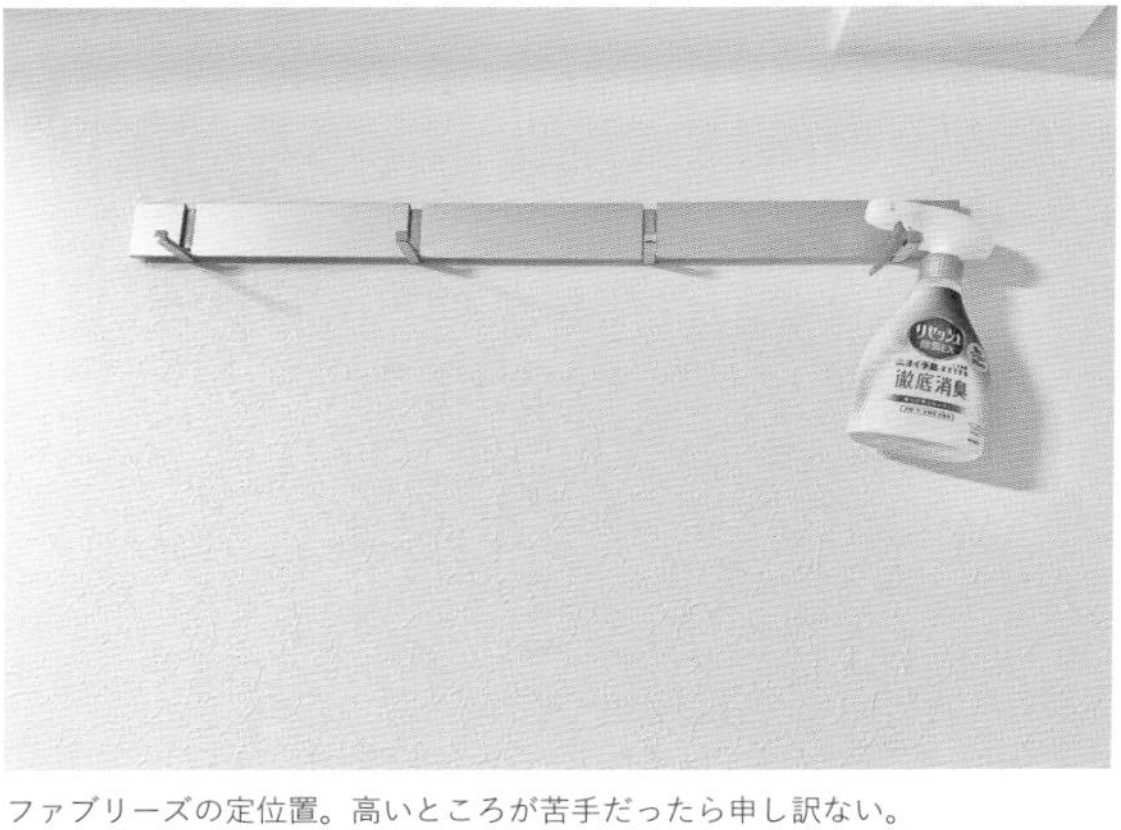

ファブリーズの定位置。高いところが苦手だったら申し訳ない。

窓のない部屋

この部屋は内見を一切せずに選んだ。床も壁も扉も、備え付けのもの全てが白い部屋。素敵な広告の写真を見ただけで即決だった。ところがいざ入居してから、別のマンションが窓を塞ぐように隣接していることが判明した。そのおかげで部屋には日が当たらず、外に出るまで天気も分からない。1日中明るさや室温がほとんど一定で、時間が止まっているかのような部屋。

1年ほど過ごしていたが、日々の雰囲気を変えたいと思って、白いハムスターを飼い始めた。一般にハムスターは夜行性で、昼寝て夜活動する。だとしても、驚くべきことに、昼夜のないこの部屋に連れられた我がハムスターも、そのルールを律儀に守っていることが分かってきた。

最近、わたしは無理な予定で体をこわした。寝付けないほど咳が止まらず、咳こんで起きる日が続いている。長すぎる夜にふと検索すると、「咳は朝と夜に出やすい」とあって、部屋にそよぐ時間の気配をかすかに感じた。

白い部屋。

松山まり奈

愛知県在住。グラフィックデザイナー。狭いけど好みが詰まったこの部屋が好き。ハムスターファーストの日々を送っている。

白いハムスター。

西日に照らされ、朝日に焦がれる

西向きであること——ひとり暮らしを始めてこれまで住んだ2つの部屋の共通点だ。別に、西向きを望んでいたわけではない。住まいは生活と直結する大事な要素のはずなのに、思い返すと毎度の部屋探しは限られた時間と条件の中で行わざるを得ず、直感で選んだ〝ベター〟の結果がこれだった。

開かれた場所が少ないひとり暮らしの部屋において、〝窓〟は外の世界と繋がるための重要な存在だな、と特にこの数年で強く感じさせられた。自分以外の誰かの生活の気配、自然の移ろい——ガラス越しに、時には窓を開け放って、求めたくなる。しかし、西の窓はもれなく、じりじりとした午後の日差しと熱も招き入れてしまうのだ。……眩しすぎる、暑すぎる。これらの反動もあって、さわやかな朝日を浴びて目覚めたい、という想いが日に日にわき上がり、くすぶらせて早数年。

と言いつつ実は、念願の東向きの住まいにもうすぐ越す予定である。うまれたての光を浴びて1日を始められる新しい暮らしを、西日の微熱が残る部屋の片隅で、待ち焦がれているところだ。

午前中は全体的に薄暗い。明るさを求めて、ローテーブルの定位置は窓の前になった。

岩城穂乃花
1992年生まれ、京都市在住。書家、ときに写真家。やわらかく生きています。くらしや人生を見つめ、表現し、ささやかな豊かさをお届けする人でありたい。

西日は厳しいが、部屋の深くまで差し込む光の移ろいは美しくて、つい眺めてしまう。

部屋の真ん中の大きな机

部屋の中心を大きなテーブルが占めている。お店で買ったものでも譲り受けたものでもない。引っ越してくるときに、家具のレンタル屋から借りたものだ。レンタル用のテーブルは1種類しかなく、大きさがちょうどよかったので借りた。

大きな机があると、もちろんその上になんでも置いてしまう。だから自由に使えるのは半分くらいだ。テーブルの半分で食事をとったり本を読んだりし、もう半分は物置になっている。辞書、電気ケトル、ホワイトボード、コップ、本、劇場のチラシ、ガラスの花瓶、ラメ入りだったせいで1回しか使っていない日焼け止め、ゴールデンウィークに観た映画の半券。頭の中を机にばらまいたみたいだ。

そしてこのテーブルがあることで、この部屋で私の動ける範囲はだいぶ制限されている。このでかいテーブルを中心に動かなければいけないのだ。邪魔で、いっそテーブルを使わずに床に座ればいいんじゃないかとも思う。それかIKEAやニトリで小さい洒落たテーブルを買って愛用すればいいのだ。でもそれを考え出すと面倒で結局返却していない。テーブルのまわりをのろのろと1周しながら、私の効率の悪さはこういうところから始まっているんじゃないかと思う。

半分物置、半分使える机。

ハルカ
1998年生まれ、東京都在住。会社員。働き始めてから本を買うのに歯止めがきかなくなり、部屋がどんどん埋め尽くされています。

本棚（?）とスーツケース。スーツケースも物入れになっている。

水平線の窓・ユリウス

汗だくで目が覚めた。部屋のエアコンが止まっていて、前の住人が残していった薄いカーテンからは、午前の日差しが容赦なく降り注いでいる。

窓を開け放ち、キッチンに移動して頭から水をかぶって部屋を振り返ると、梅シロップの瓶が陽を浴びて光っている。白い気泡はプツプツと微細な音を立てており、テレビの無いこの部屋の夜には、だれかのつぶやき声にも聞こえる。

嫌な夢を見た。時が戻ってしまった錯覚。目を開き、瓶の中の氷砂糖が昨日より格段に溶けている様子に、確実な時間の経過を感じられてホッとする。逃げるように別居し、離婚が成立してから生活の立て直しが進んでいるはずなのだけれど、ふとした瞬間にどうしようもない不安が訪れたときは、ジッと背中を丸めてそれが去るのを待つより他ない。

今夜はささやかな祝いの会が、友人たちと開かれることになっている。少し先の楽しみをつくろう。秋冬に向け蓄えるよう、手足を動かしていたいと思う。

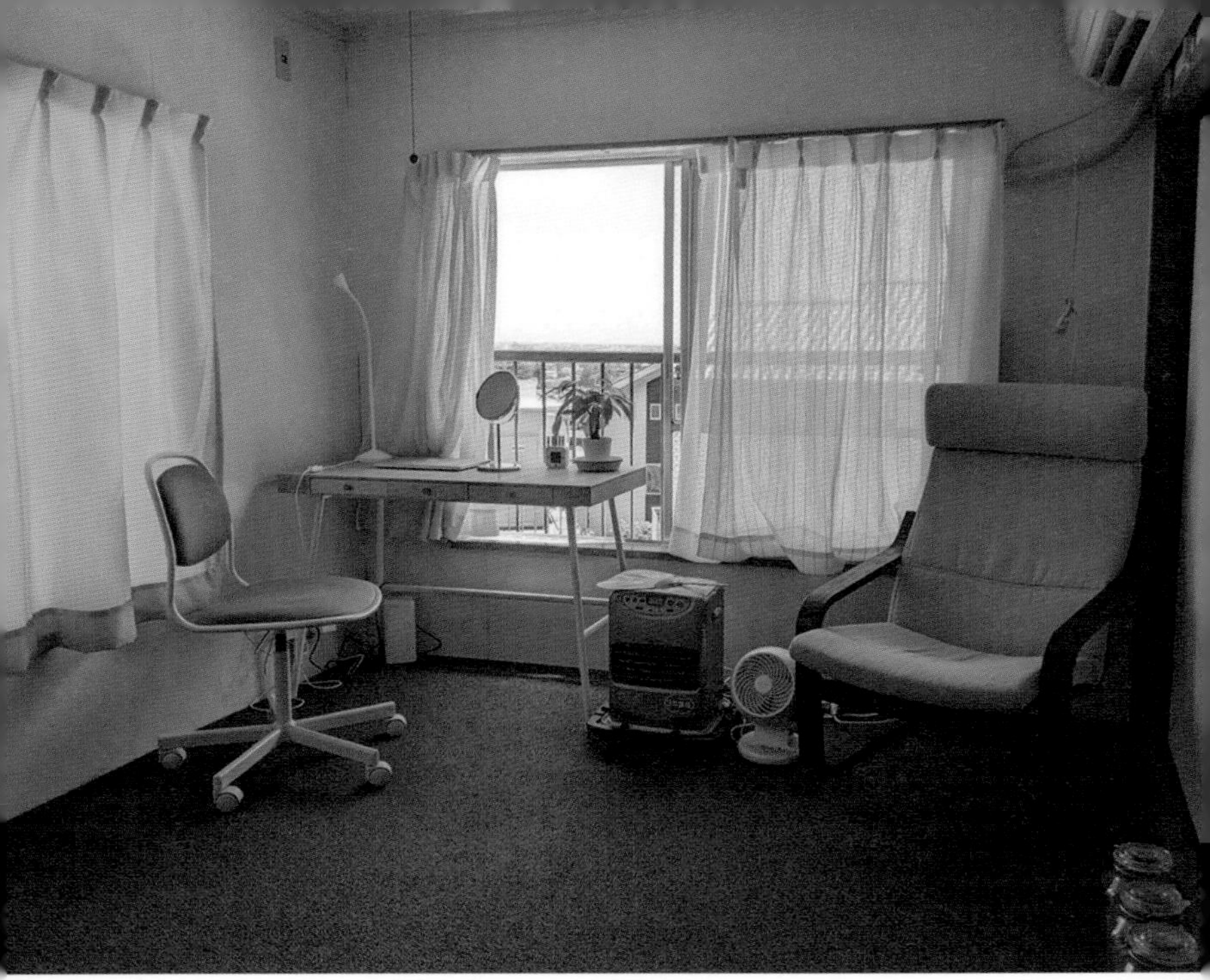

年中ヒーターとサーキュレーターが同居しています。窓辺のパキラに水をやる日々。

飯川 晃

1981年仙台市生まれ、仙台市在住。文化施設職員。せんだい文化系自転車部部長、せんだい文化系バスケ部世話人。自作ラーメン愛好家。藍染愛好家。わな猟師。

海風が丘の中腹の部屋へも届きます。夕方には、水平線に白いフェリーが浮かびます。

多分、このボタンのせい

またやってしまった……と毎度反省するのに繰り返し、どうしても治らないくせがある。床で寝てしまうことだ。最悪の場合、数日後にぎっくり腰を引き起こす。

ヘトヘトに疲れて帰った日こそ入浴剤を入れた湯に浸かりたい。カバンを置いてすぐに風呂場へ向かい、湯をはるボタンを押す。そして、寝室の床の上にころころとヨガマットを広げ、ちょっとだけ休憩、すぐ起きるから〜と天井を向いて寝転がる。ちなみに真横には身長166センチの私が大の字になってもはみ出ることのない、超快適なダブルサイズのベッドが置いてある。汗まみれの服でベッドの上に乗り、ファンデーションが溶けてドロっとした顔を枕につけたくはないのだ。絶対に。

スマホを触りながら瞬きをするつもりが一気に眠りに落ちて、次に目を開けると数時間後の午前3時。さっきよりもしんとしている。湯はとうに冷めている。ギシギシになった背骨を伸ばしたあと、追い焚きのボタンを押した。

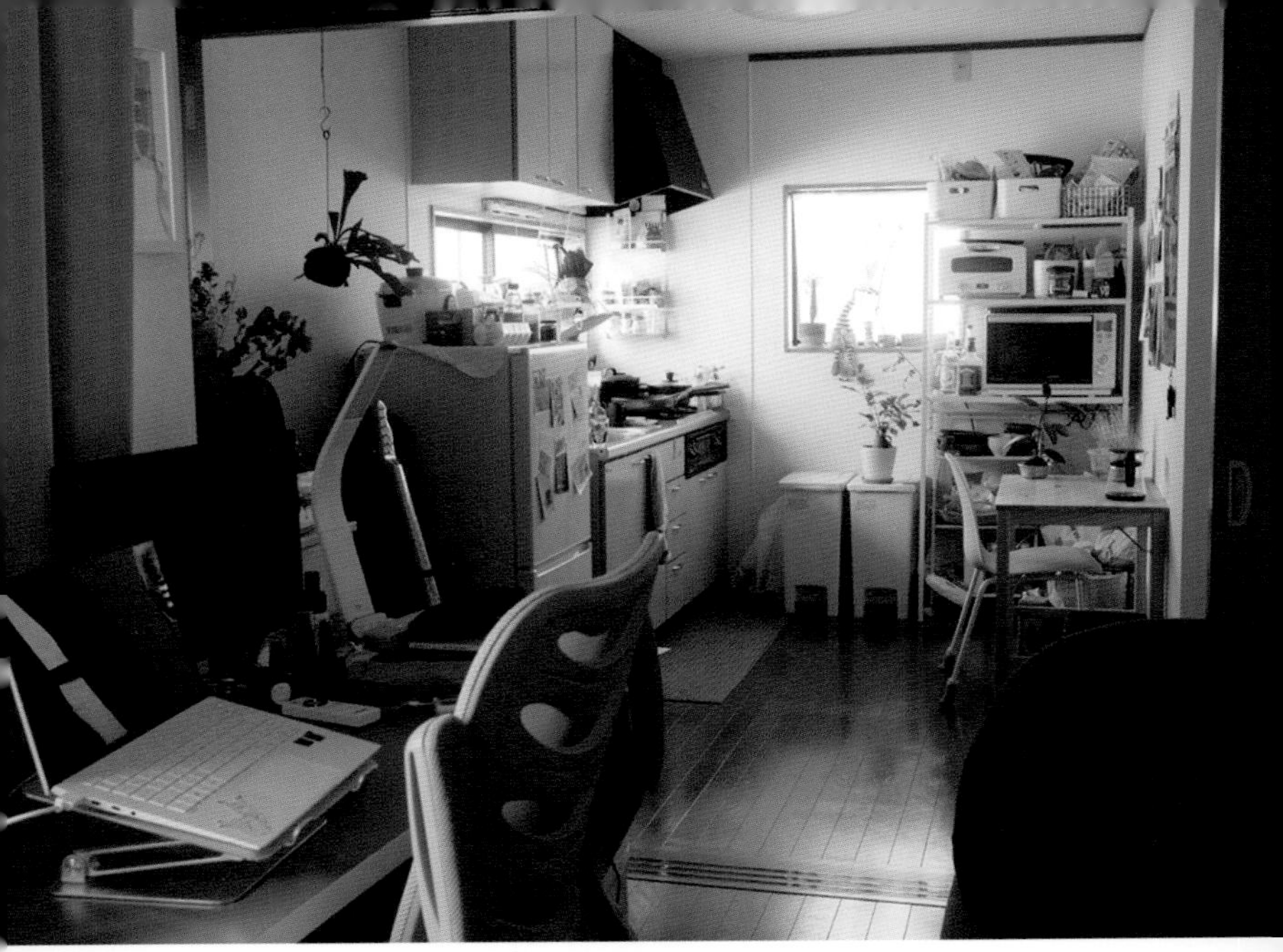

AIスピーカーとだけ会話する生活は寂しいと、観葉植物を置くようになった。手前が寝室。

トレビノアズミ
1992年、大阪市阿倍野区生まれ、在住。まちのシェアキッチンでチャイとお酒を出す夜喫茶「space 浮遊」を月に数回ひらいています。

我が家で一番明るい場所、風呂場。朝はとても気持ちがいい。

似非ひとり暮らし

面倒なことが嫌いだ。起きるのが面倒、仕事に行くのが面倒、人と会うことが面倒、生きていくのが……。ごちゃごちゃ考えて、ああ、またこれも面倒だと思いながら、それでも1月2月と平穏無事に時は過ぎて、1年があっという間に何事もなく無事に終わるのだ。

そんな中でも最近は「断捨離」というものがマイブームになっているようで、テレビや配信動画で片付けの様子を部屋でぼんやり見ては、物の積み上がったこの部屋もあんな「断捨離」ができたらなあ、とおやつの皿からクッキーを取り出しながら考えている。それでもやっぱり面倒が芽を出して、そのままでいいや、なんて悪魔の囁きが右の耳から入ってくるのを聞かないようにして、いそいそと収納グッズやら棚やらを物色する。その時間が楽しい。きっと面倒の極地であろう「断捨離」に、面倒が嫌いな私が少しずつ近づいているような気がして、なんだかこの先も、このまま平穏無事に過ごせそうな雰囲気で、よかったなあと思う。

日中には太陽光がもれるカーテン。夏は風がよく通り、冬は寒気の通り道。

煉
1988年生まれ、愛知県在住。会社員。青空や夕焼けが綺麗な時に見晴らしのいい場所へ走るのが好き。

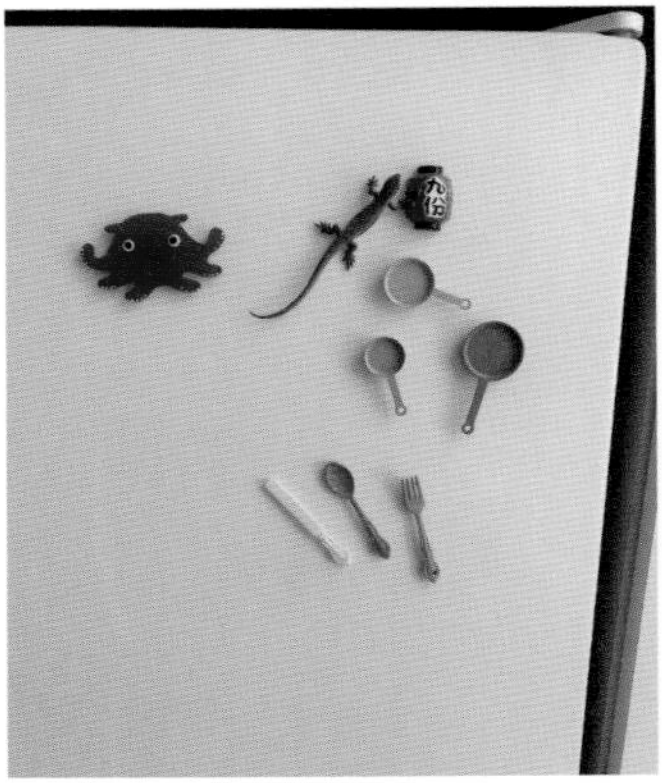

どんどんマグネットが増え、にぎやかになる冷蔵庫。磁力が機能に影響ないか本気で考え始めている。

途上の部屋

いま住んでいる部屋は人生で何軒目の家なのだろう。

期間限定の契約で、入居時から出ていくことが決まっている。仮住まいというわけだが感覚的には「通過するだけの家」。

「月と犬」とバイト先の中間地点くらいにある部屋。

机も椅子もないから作業的なことは「月と犬」でやってしまう。店のことも個人的なことも全部。よって、部屋は食・洗・眠をするだけの場所だ。

元々、物は少ない。定住しない自分の性質を自分が一番よく知っている。いつでも引っ越しできるように収納は入れたまま運べるケースが最適。どうせ段ボールに入れる物は床に直置き。住むための、ではなく引っ越しするための部屋みたいだ。

本当はいつも思っている。一つ一つじっくり選んだ家具と適材適所の家電を配置して、調味料や調理用品が揃った使い勝手のいいキッチンで工夫を凝らした料理がしてみたい。暑くもなく寒くもない窓辺のソファで本を読んでみたい。もう引っ越さなくていい部屋に辿り着きたい。

寝る場所さえあればいいのに広い部屋。空間を持て余し、あちこちに座ってみている。

月犬
北海道生まれ、熊本県育ち、福岡市在住。本屋「月と犬」店主。ご飯よりお菓子が好きだけど健康に翳りが出てくるお年頃。Twitterで見かけたカラムーチョ人参にハマっている。

青緑色のドアがお気に入り。エレベーターなしの5階まで上りきると迎えてくれている。

人生の宿題が増えていく

ひとり暮らしをすれば、もっと積読本を減らせると思っていた。実家の自室は本棚に囲まれた窓のない四畳半の部屋で、テレビもテーブルも置いていなかった。かろうじて布団を敷くスペースがあって、就寝中に大地震が起きれば本棚が倒れて本に埋もれて死んでしまうような状況だったが、それも本望だと思っていた。本棚を増やしたかったが、部屋に本棚を増やすスペースがなかった。だから広い部屋が欲しくて、実家を出た。

今住んでいる部屋にはYogibo、テーブル、大きなテレビを置いている。この3点セットのせいで、帰宅するとテレビや動画を観ながら酒を飲むのが習慣になり、部屋で読書をする時間が激減してしまった。テーブルにもベッド横にも必ず本を置いているが、酒を飲んだ時に読書してもほとんど頭に入ってこない。加えて怠惰の根源であるYogiboのせいで、ベッドに行く事なく寝てしまう事も多い。無限に増えていく積読本と、有限の時間を憂いながら僕は今日も酒を飲んでYogiboで寝落ちする。

奥には書斎、手前にプラモなどを作るアトリエと呼ぶ場所がある。本棚の上にスペースがあるので、まだまだ本棚も本も増やせます。

引っ越してからの新しい趣味。片面を埋めるのに3年ほどかかりました。

アンディ・アンダーソン
1988年生まれ、大阪府在住。広告代理店と名乗れば聞こえはいいが、実態は看板屋。要らなくなった靴の捨て方が分からない。

2部屋の使い分け

都心に住んでいた頃は、ワンルームの物件で在宅勤務をしていた。働く場所と寝る場所を切り分けたくなり、群馬に引っ越したのを機に2Kのアパートへ引っ越した。

今の物件に引っ越して1年が経過した。蓋を開けてみれば、同じ部屋にデスクと布団があり、仕事部屋と寝室は分けられていない。というのも、もう一方の部屋にはエアコンがなく、群馬の暑さや寒さに耐えられなかったからだ。「日中は仕事部屋で働き、夜になったら寝室で休む」そんな環境を望んでいたが上手くいかなかった。本来、寝室として使う予定だった部屋は、現在は収納のために使われている。無店舗で花屋をしているため、出店用の資材や花器の在庫を保管する部屋になった。

最近は収納部屋でDIYをしている。溜まっている積読本をしまうための木箱を作り始めた。積み上げると立派な本棚ができあがる。本が増えてきたら再び木材を買いに行こうと思う。

仕事部屋にするつもりだったが、今では寝室も兼ねている。

武藤 要
1999年生まれ、群馬県在住。花屋・ディレクター。
仕事の関係で新潟と東京を行ったり来たりしている。
家にいるときはPodcastやラジオをよく聴く。

もともと寝室の予定だった部屋は倉庫のような扱い。

風と団地と答えのない日々

この部屋との付き合いは4か月ぐらいになる。桜前線が通過した少し後、本やレコードやらと一緒に国立市の団地へ流れてきた。内見したときから部屋のイメージはあった。ダイニングキッチンとリビングの間の襖を取り、本棚の背板も取る。風が抜けていく部屋にしようと思った。イメージ通りになるか不安だったけど、イメージを超えていった。広い空間だけど、ガランという音は聞こえない。風が流れる音がする。

この部屋との付き合いは4か月ぐらいになる。既に色々なことが流れたような気がする。

この部屋で日々がどのように流れていくかは、イメージができていなかった。それは日々が流れることでしか知り得ないことなのだろう。それはまだ流れていない日々についても言える。この部屋はよく風が流れる。机の下を、本棚の隙間を、僕の瞼を流れる。毎回同じようで、違った風が吹いている。そういえばBob Dylan は歌っていた。答えは風に吹かれていると。

いつか僕が流れ去るまで、今後ともよろしく。

ジマーマン
1988年生まれ、東京都国立市在住。今はBob Dylan（ジマーマン）よりPuma BlueとGEZANをよく聴く。ペンネームを改名するか悩んでいる。候補は陽草ツキヒト。

背板を取ったことにより収納も倍増。しかし傾くようになった。

可愛く暮らします宣言

わたしが今暮らしている部屋は、春先に引っ越してきたばかりの、変な間取りの部屋。鴨川が近いこと、少し歩けば素敵な書店があること、大きな窓があることが決め手で、引っ越してきた。初めてのひとり暮らしの部屋。冬から春にかけてすっかり低空飛行だったわたしは、引っ越しても何かが好転することなく、寄せ集めの家具でできたこの部屋で、ぐちゃぐちゃの生活を送っていた。

そんなわたしですが、最近は生命力を取り戻し、少しずつ部屋の片付けができるくらいにはなりました。お弁当のゴミを捨てる、服をハンガーにかける、散らばった本を集める。ひとりで生活していくことはときに困難で、だけどふとした時に目に入るお気に入りの雑貨や、カーテンの隙間から差し込む光に救われる。元気になったことだし、少しずつ好きなものをかき集めて、意味もなく可愛い部屋を作って暮らしていこうと思う。きっとその可愛さに、意味はあるから。

この部屋とは別に5畳のダイニングキッチンがある（写真右側）という変な間取り。

村上日菜

2003年生まれ、京都市在住。大学で日本の近現代文学を勉強しています。「好きなもので散らかるくらいが良い」がモットー。一生水辺で暮らしたい。

机の前の壁。最近200円でゲットしたミッフィー。

アンチ断捨離！

現在の部屋に住み始めて14年ほど。番地が自分のラッキーナンバーだったから、という理由で部屋を見ずして借りることを決めてしまった。周囲からは「1回くらいは見てから決めましょうよ」とか、「長く住むかもしれない場所なのに、そんなんでいいんかい！」とかつっこまれたけれど、自分の直感を信じて（たまに大きく外れる）現在の部屋に決めた。つまりは、あまり部屋にはこだわり無い派。

よく「人間には衣食住が必要」といいますが、私はまさしくその順番が大切。洋服大好き！　食べることも好き♪　住む場所は居心地と立地が良ければいいかな〜？　くらいのもん。

部屋に関して、ひとつだけこだわるとしたら、つねに好きなものであふれた場所にしたい。ただそれだけ。だから私はものが多い。だけど、好きなものでいっぱいならご機嫌でいられる。「無駄を楽しむ余裕をもって生きる」。つねづねそうありたいと思っている。

枕もとに大事なものを集めてしまう。このゴチャリ感が落ち着く。

いけだまゆこ
栃木県生まれ、埼玉県在住。編集ライター。大切なものを枕もとに集めてしまう癖あり。収集癖もあるため、ものがたまりやすい。

アドベンチャーワールドで購入した、私の推しパン「結浜（ゆいひん）」のクッション。

おしのび

〃初めての自分の城〃、とまではいかないが何もない空間に好きなものだけを持ち込む、そんな暮らしに気持ちが高まっていた。

1年経った今の日課は、帰ってゆらゆら光を感じながらぬるま湯につかること。何も考えず波紋を見ながら、ただ時が流れるのを体が冷えるまで待つ。果たして疲れは取れているのか否か……。

お気に入りのカウンターテーブルで夜景を見て、点いては消える赤い光に、なんとなく切なくなる。たまに酔っ払って踊ったり、ベッドで寝ない選択をする。床で寝ても怒られないのはひとり暮らしの特権だ。だが、ずっと違和感がある。こんなに快適なのに、何かが気に入らない。

淡い光が朝を伝える。重い瞼をこじ開けて、朝を迎え入れる。ここにいるのに、ここにいない気がする。少し考えて窓の外を見やる。どうやらこの城だけではもう好きなものが収まらないらしい。ちょうど目の前に外へ繋がる扉がある。

ならばそろそろ、城を抜け出してみますか。

ふらっとひとりで寄れるカフェのような空間にしたくて、カウンターテーブルを置いた。

あめ
東京都在住。会社員。朝と夜の空気を吸い込むことが好き。季節の匂いを感じたい。雨にふれたくて手を伸ばしては部屋が濡れかける。何か良い策はないかと模索中。

きらきらするものをざっくり集めた部屋の一角。やる気のないリボンがお気に入り。

自分の手で幸せを探すように、集めていったものをワンルームの部屋の中に飾っていく。

他人にとってガラクタに見えるものでも、路上に転がっている石や旅先で見つけたアンティークのレトロな玩具や古いレコードであっても、私にとっては大切な〈なにか〉であった。小さなファンタジア。内世界がふつふつと紡がれていく。

部屋の中で、語りかけてくる、子供の頃から大切にしていた白猫のぬいぐるみの頭を撫でてみると、尻尾がくねる、ニャーとすり寄ってくる〈なにか《ニャニカ》〉に癒されながら、四畳半の自分だけの世界が∞に広がっていく。

ここは、四角い箱の中

昔から、集めることが好きだった。シール、消しゴム、石ころなど、私の周りはトキメキで溢れていた。それらをひとつひとつ拾っては、そっと箱にしまうのだった。

前職を辞め、夢のぐうたら生活になったことを期に、引っ越してから見て見ぬ振りをしてきた段ボール群をやっとの思いで開封した。本、置き物、ぬいぐるみ、作品たちが、知らない部屋の空気を吸って、ムクムクと目を覚ました。私は追い立てられるように本に合うサイズの本棚を買い、小物たちのための棚を造り、絵を飾り、作業机と椅子も買った。完璧だ、と誰かが囁いた。

その日から、朝起きると磁石のように椅子に座るようになった。机に向かうと、小さな置き物や本たちが、ぽつりぽつりと語りかけてきた。私は彼らの話に耳を傾け、ペンを取り、ひとつひとつ紙の上に書き留めていく。そうか、私は今、あの時の箱の中に住んでいるのだ。

ぼんやりと、１Ｋの四角い部屋を眺めつつ、また外に出てトキメキを拾っては、部屋に飾るのだった。

押し入れに仕舞われている絵の事を考えると胸が痛むので、そこかしこに飾っている。

たかはしけいこ
香川県生まれ、東京都在住。イラストレーター。
喫茶店で隣のテーブルの会話に耳を傾けながら、あることないことを想像するという悪趣味を持っている。

置き物や本を気分で入れ替えている。おたまさんとの椅子取り合戦にいつも負ける。

わたしの部屋のヒマラヤ

部屋の一角にある石ころコーナー。いつからか、どこからかやってきた石たちをこの棚の上に置くようになりました。最近はヒマラヤで拾ってきた石が仲間入り。ちょうど1年前、チベット仏教最果ての地・インド・ラダック地方を旅した時に、標高3500メートルの崖の上で拾ってきました。ゴツゴツした岩山や乾燥した砂埃が広がるラダックで、この白い石たちを見つけて海なんてないのに波の音が聞こえたような、そんな懐かしい気持ちがしたのを思い出します。

普段からシンプルが好きで物や装飾が少ない部屋ですが、唯一この石ころたちの色味が良いアクセントになっています。最近は段々と、石ころたちもしっくりとこの部屋に馴染んできたように感じますが、本当は遠くヒマラヤの石なのに……なんなら数千万年前は海の中にあったかもしれないのに……と不思議な気持ちになったりもします。

日本に居ながら、気が遠くなるほどの時間や距離に思いを馳せる瞬間。素朴だけどちょっとだけロマンがある石ころコーナーが好きです。

石ころコーナー。それぞれのストーリーに思いを馳せる。

野村展代
1973年埼玉県生まれ、東京都在住。映画製作と監督。ときどき近所のバーでお店番をしながら執筆など。のんびりとした時間が何より好きです。

かつては海底に？　ヒマラヤの白い石ころたち。

植物のある部屋

70鉢くらいの植物が部屋にある。そう言うとわりと驚かれるけれど、そんなにすごい量でもない。

部屋に植物があるといいことは、なんというか、気持ちがいいところ。それからなんとなく生活が整うところだ。

植物に世話をされていると言ったら言い過ぎだろうか。明らかに言い過ぎなんだけど、ちょっと言ってみたいセリフだったので書く。

朝起きてカーテンを開ける。窓も開けて換気をする。植物のためならこれができるが、自分のためにはできない。ここだけの話、大変ずぼらな人間なので。

自分の肌荒れに気づいた時より、植物が萎れた時の方が焦る。けれど植物を毎日見ていると、ついでに自分のことも見るようになる。ちゃんと観察して手入れをしようという気持ちになる。なぜか、そうなるのだ。

ハーブもいくつかあるけれど、それ以外はただの葉っぱだ。ただの葉っぱでもなんとなく役に立つ。そういうところもなんだか好きで、また部屋に植物が増えていく。

植物があると部屋の中に木漏れ日ができる。

金子沙織
1984年生まれ、東京都在住。デザイナー。まんが『午後3時 雨宮教授のお茶の時間』を読んでから英国菓子にはまっています。好きなお茶はアッサム。

最近気に入っているハートの葉っぱ。名前がどうしても覚えられない。

私だけの美術館

実家から車で20分。ふと思い付いて部屋を借りた。どうせなら海の近くで、美術館に近い場所が良いなと。そしたらドンピシャな物件に出会う。今までに住んだ部屋で一番小さい。でも一番長く借りている。コンパクトな私の身体にはちょうど良いサイズだったのだ。

冷蔵庫も小さいし、洗濯機も置いてない。シンプルな居場所にしたくて、極力モノは置かずに過ごしてる。のに、なぜかアートだけは増える増える。飾り切れないくらいの絵がこの部屋にはある。気分で絵を入れ替えて展示。自分だけの美術館で自分の為にキュレーションをする。

そんな私の部屋。

ご飯もここで食べるし、ここで寝る。美術館に住むのが夢だった事を思い出した。

小さな小さな規模だけど、夢が叶った気がする。

これからも彩り豊かな部屋にしよう。

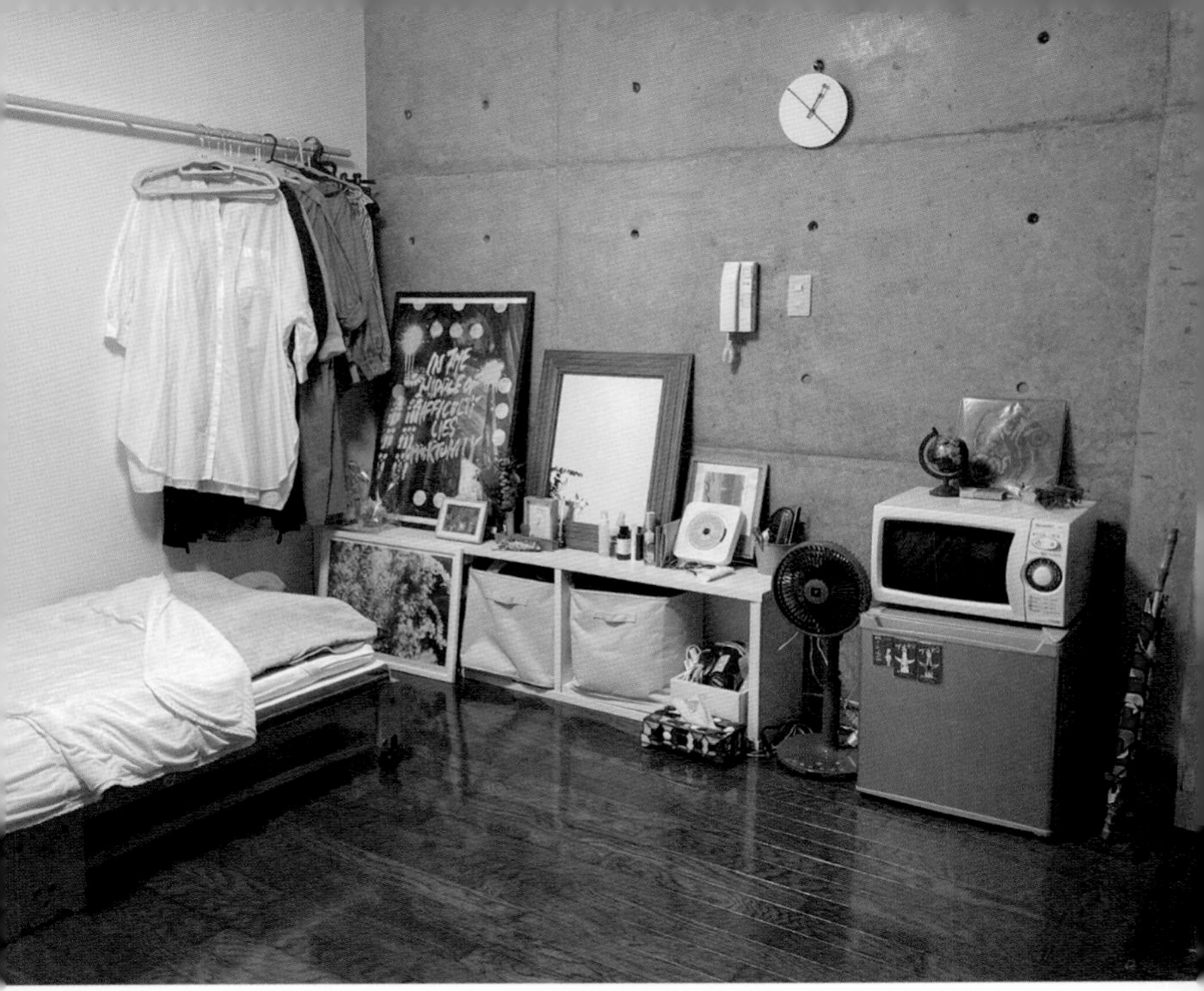

この部屋の決め手、コンクリ打ちっぱなし。夏なので青系の絵を飾ってた。

飯間絵末
香川県在住。着付師、小川流煎茶道師範、フリーのアートキュレーターもしてる。好きなモノは猫、建築物、変人達。

増殖する絵画達。次のメインはどの子にしようかなー。その間にまた増えそう。

ほとんど同居人

私が人を部屋に招くとき、玄関をあける前に言っておかなければならない一言がある。

「すぐ自転車があるから気を付けてね！」

今の部屋に越してきたときには、玄関あけたらロードバイクという状況ではなかった。

知人から折り畳み自転車をもらったことをきっかけにサイクリングに熱中し、気づけば部屋に2台、駐輪場にママチャリ1台の合計3台持ちになっていた。

都内ひとり暮らしの物件なので限界が近い。小物くらいは飾れても素敵な部屋作りを考える余地はなく、自転車と空間を譲り合うことを第一に暮らすことになる。

玄関に後輪、風呂の前に前輪があるので、入浴前後と掃除の際には毎回ヒョイと動かしている。初めは面倒だったが少しずつ愛着が深まり、ちょっと楽しくなってきた。

なんとなく、実家の母が掃除機をかけるとき、父を適当に追いやっていたことを思い出す。場所を取りインテリアを破壊するのに嫌われない才能は、両者ともうらやましい限りである。

ベッドの下にすぐ押し込み、そのへんに積む。そのくせ小さな縁起物を飾っている。

有江 栞

1991年熊本県生まれ、東京都練馬区在住。ソフトウェア開発者。天然パーマだと悟られずにオシャレっぽくなるよう、毎日とても気合を入れてセットしている。

買うとき心配したほどは場所を取らなかった。日光でよく輝く。

かんようしょくぶつ

本棚が無いからと床に並べはじめた友人に惹かれて、棚の上に平積みにしていた本を床に積むようになった。棚の上にできたすこしの空間。そのおかげで壁にかかっている2つの絵、棚の上に並べている画集の表紙やポストカード、仕事でお世話になった人からいただいた小さなガラスの置物がよく見える。

そしてまたひとり、本を床に積む人と出会った。斉藤倫さんの詩集『ぼくがゆびをぱちんとならして、きみがおとなになるまえの詩集』に出てくる「ぼく」だ。「ぼく」は床のあちこちに本の山をつくり、積みあげた本を「ゆかから、はえている、木とおなじ」、「かんようしょくぶつ」と呼ぶ。植物を育てるのは苦手だけど、床に本を積むことなら私もできる。水をあげるようにときどき順番を入れ替えたり埃をはらったりしながら、かんようしょくぶつを育てている。

本棚の上。壁の左の絵は仙台で暮らす作家さん、右は千葉で暮らす大叔父さんの絵。

髙橋梨佳
1994年静岡県浜松市生まれ、宮城県仙台市在住。NPO職員。このごろ、夜になると近所の野良猫にエサをあげにくる男女が妙に気になっています。

西日が差すときらきらひかる出窓のあるキッチン。

香り

部屋の香りが好きだ。何の香りかと聞かれると、分からない。柔軟剤の香りに慣れてしまって分からなくなる、あの「感じ」である。

ちょうど、2年ほど前からサウナが好きになった。サウナではロウリュにアロマ水を使う。好きが高じて、アウフグースの活動をはじめてから、香りへの好奇心が強くなったように思う。気づいたらアロマの専門店に足繁く通うようになっていた。色んなアロマを嗅いでは、新しい香りや好きな香りとの出逢いを探している。いつの間にか、部屋には精油からルームフレグランスまで、たくさんの香りが揃っていた。

集めた香りの中から、季節にあった香りを1つ2つ選ぶ。部屋を掃除して、香りを少しだけ振る。ふわっと一瞬だけ鼻をくすぐった香りは、すぐにどこかに消えてしまう。しかし、その一瞬で、落ち着くような安心するような、堪らない幸福感で心が満たされる。

部屋の香りが好きだ。

朝日が入る東向きの部屋。

松村春希
福岡県生まれ福岡県育ちの大学生。豚骨ラーメンがないと生きていけない、生粋の博多っ子。趣味はサウナと温泉巡り。

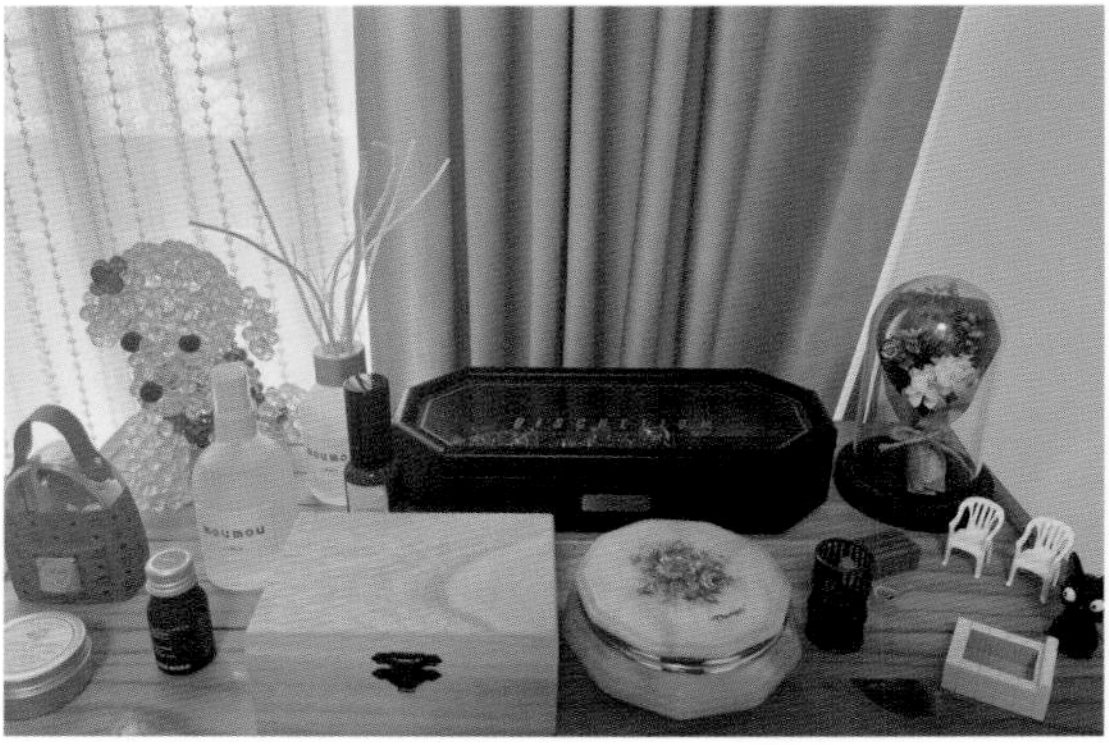

好きなものたち。おばあちゃんに貰った犬とガチャガチャで集めたサウナ室も。

あぁ、苔玉

最近私はこんなツイートをした。

「前の苔玉が枯れて新しいのが欲しいのだがどこにも売ってなく半年が過ぎた。」

部屋に少し緑を置くだけで、うんと心地の良い部屋になる気がしている。だが私はすぐに植物を枯らしてしまう。何度も大きな木を置いたことがあるが冬を越せた試しがない。大きな植物は処分するのも面倒だ。そんな私には「苔玉」が適しているように思っている。

苔玉とは、小さくて丸い苔から植物が生えているものである。土と植物が一体になっているので鉢はいらないし、小さいので場所をとらない。小さめの器にポンと置くだけでグッと部屋が映え、枯れたとしてもそのままポイである。

以前苔玉を購入してからその手軽さに取り憑かれた私であるが、先のツイートにあるように2代目苔玉に出会えない日々が続いている。どの植物ショップに行っても苔玉だけない。仕方がないので小さい鉢植えの植物を苔玉用の器に置くことにした。とても中途半端な状態で今年の夏が終わろうとしている。

ものが少ないとよく言われる部屋。

takuya
1990年生まれ、東京都在住。普段はデザイナーをしている。ものづくりが好きなので仕事以外の時も本やポスターなど何かしら常に作っている。

本当は苔玉を置きたいが、見つからない。

目の保養、心に栄養、気分上々

前々から、部屋に絵を飾ることに憧れがあった。

ゴッホやモネの絵が好きなのだけど、まさかそれらを入手して飾ることなどできるわけもなく、もっとお手軽に楽しめる方法はないかと模索していた。

それならポストカード類をマスキングテープで壁に貼ればいいじゃん！

そう思い立ち、気に入って買ったポストカードやデザインの綺麗なフライヤーなどを手当たり次第に壁に貼り付けることに目覚めてしまった。即席美術館の完成である。しかし、気を抜くと壁の一部がまとまりのない何でもアリな無法地帯と化してしまう。もう少し洗練された空間にしたい。

そこで思い切って飾るものを厳選し、好きなイラストレーターの方たちの作品を迎えつつ試行錯誤した結果、選抜メンバーが常設されている状態へと進化を遂げつつある。

お洒落な部屋でなくとも、ぱっと目に入る場所に好きな絵があると気分も華やいでくる。理想を挙げればキリがないが、上手に自分の機嫌をとることのできる部屋で暮らしていけたらと思う。

本棚代わりのカラーボックスが並ぶ。いつかちゃんとした本棚を買いたい。

森野紫帆
京都府在住。医薬品業界で働く会社員。とにかく朝が苦手。ゆっくり本の読める喫茶店を求めて彷徨っている。ダンスが好き（今は見る専門）。

好きな絵たちの一部。買った時の喜びと毎日拝める喜びで、見る度にやけてしまう。

基次郎にならえ

梅雨と真冬。ひとり暮らしを痛感する季節だ。

今日は気分が乗らないなと思ったら外は雨が降っている。なんとなく憂鬱だなと思ったら雲が重く閉めた窓すら寒い。分かちあえる誰かがいるわけでもなく、ただ天気の悪さに押し黙って生活する。こんなにも自分の機嫌が太陽の光に委ねられていたとは。話す相手がいないだけで自分の単純な感受性が浮き彫りになった。

そうなれば、自分の機嫌をとるのも単純な方法でいいだろう。カーテンの買い直しを余儀なくされていた2度目のひとり暮らしの準備中に、ふと目にとまったのが檸檬柄のカーテンだ。そうだ、檸檬だ。檸檬に力をもらおう。地元の京都を離れてひとり暮らしをしているのは広島で、いかにも広島らしい直球なアイデアに口の端があがる。梶井基次郎ではないが、なぜか檸檬には憂鬱な気分を退散させる力があるらしい。

今年の冬も楽しみだ。窓一面に檸檬爆弾が炸裂して、重く寒い空気ごと退散させることだろう。

晴れの日は朝日が射して気分がいい。この日もおそらくご機嫌で過ごせた。

土田野乃子
1998年京都市生まれ。お笑い好き。M-1グランプリは夏の予選から始まるし、今年のキングオブコントは準決勝の配信から観る予定。

これが梅雨と真冬に炸裂する檸檬爆弾。台風のときにも有効。

私の愛しきコレクション

子供の頃は、大人になったらキャラクターやファンシーグッズとは自然と無縁になるものだと思っていた。それが、どうだろう。自分が今住んでいる部屋を形容するならば、ファンシーという言葉がぴったりなのではないだろうか。

ミニマリストには憧れる。いつかシンプルですっきりとした部屋に住みたいとも夢想する。

けれども、旅先の蚤の市や骨董品屋さんで、珍しい置き物を掘り出してはニンマリ。散歩中に道端で見かける「ご自由にお持ちください」の文字は大好物。年代物の食器類、誰が作ったのかわからない陶芸作品まで、いそいそと持ち帰る。いまだにキャラクターグッズも大好きで、酔った勢いで回しまくったガチャガチャの成果品や、マスコットのコレクションも多数。

こうして私の部屋には、全国各地、世界各地で見つけた世代も出生地もバラバラの愛しいものたちが溢れかえるのである。

「あーあ、また置き場所が足りないなあ……」なんて懲りない蒐集癖に度々うんざりしながらも、それらのコレクションを眺めて過ごす生活が、結局私は大好きなのだ。

リビングスペース。テレビ台、ローテーブルの引き出しには、古本・シールや紙の束、飾りきれなかった置き物が押し込められています……。

ごま
1985年生まれ、東京都在住。会社員。趣味は飲酒、散歩、旅、コラージュ。最近、植物や園芸に興味が湧いてきました。

大切なコレクション。今一番欲しいものは、壁一面の大きさの本棚です。

段ボール3箱分ぐらいの生活

短期間での引っ越しが続いたこともあり、先日、荷物の約7割を占めていた書籍をほぼ全て実家に送った。あわせて不要となった本棚とラック、余分な衣類を処分。ミニマルな生活に憧れていたわけではないが、大学進学を機に上京して以降、関東、関西、九州、アメリカといった各地を転々とするなかで、常々「(必要最低限の家具家電を除き)段ボール3箱分ぐらいの荷物で生活できないか」という思いがあった。今回ついにその考えを実行に移したのである。とはいえ、書籍や小物はもう増え始めており、この生活もいつまで続くのだろうか、と、すでに訝ってもいる。

お気に入りの椅子を部屋の中央に設置。ここに座ってスマホをいじったり、パソコン作業をしたり、読書をしたり、昼寝をしたり。広くなった壁に映像を投影して、映画やドラマを鑑賞することもある。就寝時をのぞく大半をこの1畳程度のスペースで過ごしている。だから、正直なところ、モノを減らす必要はなかったようにも思える。だが、身軽になったことで気楽にはなれた。快適になったかはさておき。

引っ越し直後のような殺風景な部屋。中央の椅子が唯一のこだわり。

山田隆行
1984年新潟県生まれ。学芸員／キュレーター。趣味はドラマ・映画鑑賞、読書など。苦手なホラー系を除き、基本的にどんなジャンルも分け隔てなく楽しむ。

増えゆく書籍と小物。こればかりは仕方がないと諦め、その増殖を優しく見守る。

時間をかけて育てる壁

私の部屋には「文化的な壁」と名付けられた一角がある。

そこには私の大事なものが詰め込まれている。初めて買った好きな作家さんの原画。父方の祖母の押し花作品。母方の祖母の木彫。友人に貰ったキャンドルやトルコ雑貨の鍋敷き。

壁と表現したが言ってしまえばウォールラックである。賃貸の部屋でピクチャーレールをつけたい気持ちを堪え、購入したのだった。これが案外気に入っている。私の精神的支柱だ。

「文化的な壁」のほかに「文化的な動物」ゾーンがある。祖母が彫った壁に取り付ける小物置きの上に、動物たちが並ぶ。3Dプリントで作られた木彫の熊が2種、塩ビ素材のたぬき、胸筋が異様に発達したペンギンとドーナツを食べるペンギン。それらを見守るのはエジプト猫である。中央に鎮座するこの猫はバステトという神らしい。同期が実家からのお土産でもらったものを、私の部屋に置いていったのである。

「あたしなら神様だろうとぶん投げちゃうから、鶴見のところで大事にしてもらいな。」

文化的な壁の横にある文化スペースでは、お気に入りのカリモクのソファで読書ができる。

鶴見
1997年生まれ、北海道出身在住。会社員。同筆名で短歌を詠んだり、エッセイ・短編小説を書いたりする。最近俳句を始めたが、なかなか難しい。満月ウォッチャー。

「新しいバンドメンバーを紹介するぜ」という表情のたぬきを筆頭にメンバーが並ぶ。

わたしの境界線

私が大切にしてきた「生活」は、ずっと部屋の外にあった。仕事より「生活」が私をつくる。そう思って生まれ育った東京から新潟に来た。当時私にとって生活というのは「どこに・誰と」いるかということ。シェアハウスの同居人や恋人、近所の人たちとの生活はたしかに充実していた。部屋でのひとり時間は夜遅い時間だけ。家具はシェアしているものばかりで、自他の境界線はどこかあいまいだった。

あれから数年が経ち、ひとりで暮らすようになった今の部屋には、かつて生活が部屋の外にあったころには無かったものがある。お米が炊きたくなる丸い土鍋。好きなにおいのシャンプー。近所のお店で買ったパキラ。古道具屋で買った椅子。なんとなくつらい夜に、それらのものが私の体温を少しだけ上げてくれる。どこか・誰かは関係ない。私が私のために買ったものたち。

今でも誰かとつながっている安心感は好きだ。でも、それは自分の「内側」を大切にできてこそだと思った。自分で買ったものが並ぶ私の部屋が、「わたし」という輪郭を濃くしてくれ、外側との境界線を引いてくれた。内と外を分けられた私は、これからもっと自分の人生のハンドルを握っていける気がした。

大好きなものに囲まれてはいるが、片付けが下手なのでごちゃごちゃしている。私の持ちものと和室はわりと相性がいい。

井上有紀
1993年生まれ。東京都出身。新潟で暮らして8年目。大学生と地域を応援するコーディネーターとして働く傍ら、田んぼをやったりZINEをつくったりしている。人に会うと最近読んだ本と観た映画を紹介しがち。

椅子に座って文章を書いたりコーヒーを飲んだりしている時間が好き。

少しだけ生活する人々

この部屋にやってきたのは大晦日。

1週間後にリビングの電気が切れ、その後にトイレと玄関の電気も切れた。

実家から持ってきた間接照明。裸電球のままだったから、お気に入りのバンダナをかけてみる。

薄暗いけど、なんだか落ち着く。

寝る前、ぼーっと部屋を眺める。

使わないからと、もらった木のスピーカーとテーブルは会社からのお古。

要らないからと、わざわざ持ってきてくれたちいさな扇風機は、会社で一番歳の離れているミヤモトさんからいただいたもの。

出張で偶然訪れたお店。仲良くなってちょっと奮発して買った椅子。

最近の新入りは愛知からやってきた観葉植物。これも出張のご縁。

部屋にぽつんとひとり。明日会える人も、しばらく会えない人も、ここで少しだけ生活している。

あれから3か月後に部屋の電気は復活。眩しいので結局、間接照明で生きています。

大津恵理子

2000年福岡県生まれ、東京都在住。生きるように働く人とその仕事を紹介する求人サイトの編集者。電子レンジと炊飯器の代わりにせいろと土鍋で生活している。移動と純喫茶が好き。

最初はテーブル、今は本棚に変身している段ボール。これ以上進化させるかは検討中。

ずぼらなひとり暮らしに買われた本

僕は読書が好きだ。ひとりで遠出するときには必ず1冊本を買い、移動中はそれをずっと読んでいる。そんな本たちが5年間でたくさん集まった。下宿先の部屋の2階にはロフトがあり、そこにはふたつ、本棚がある。しかし、その棚の横には収まりきらない本たちが積んである。次の本棚を買わなければ。ひとつでは足りないかもしれないし、どうせすぐにいっぱいになってしまうだろう。2、3台買ってもいいかもしれないな。

僕は毎日ロフトに布団を敷いて寝ている。ロフトを就寝スペースとして活用する学生は多いと思う。僕もそんなひとりだ。他の学生との違いは、本だ。本に見つめられながら寝ている。「いつ本棚にしまってくれるの？」とでも言いそうな本たち。就寝前、僕はその本たちから1冊抜き取り、まぶたが下がるまで読み、寝る。読んでいた本は結局、枕元に置かれたまま。

僕が大学を卒業するまで、あと1年と半年。この本たちを本棚に収めることが出来るのか。それは僕の気分次第である。

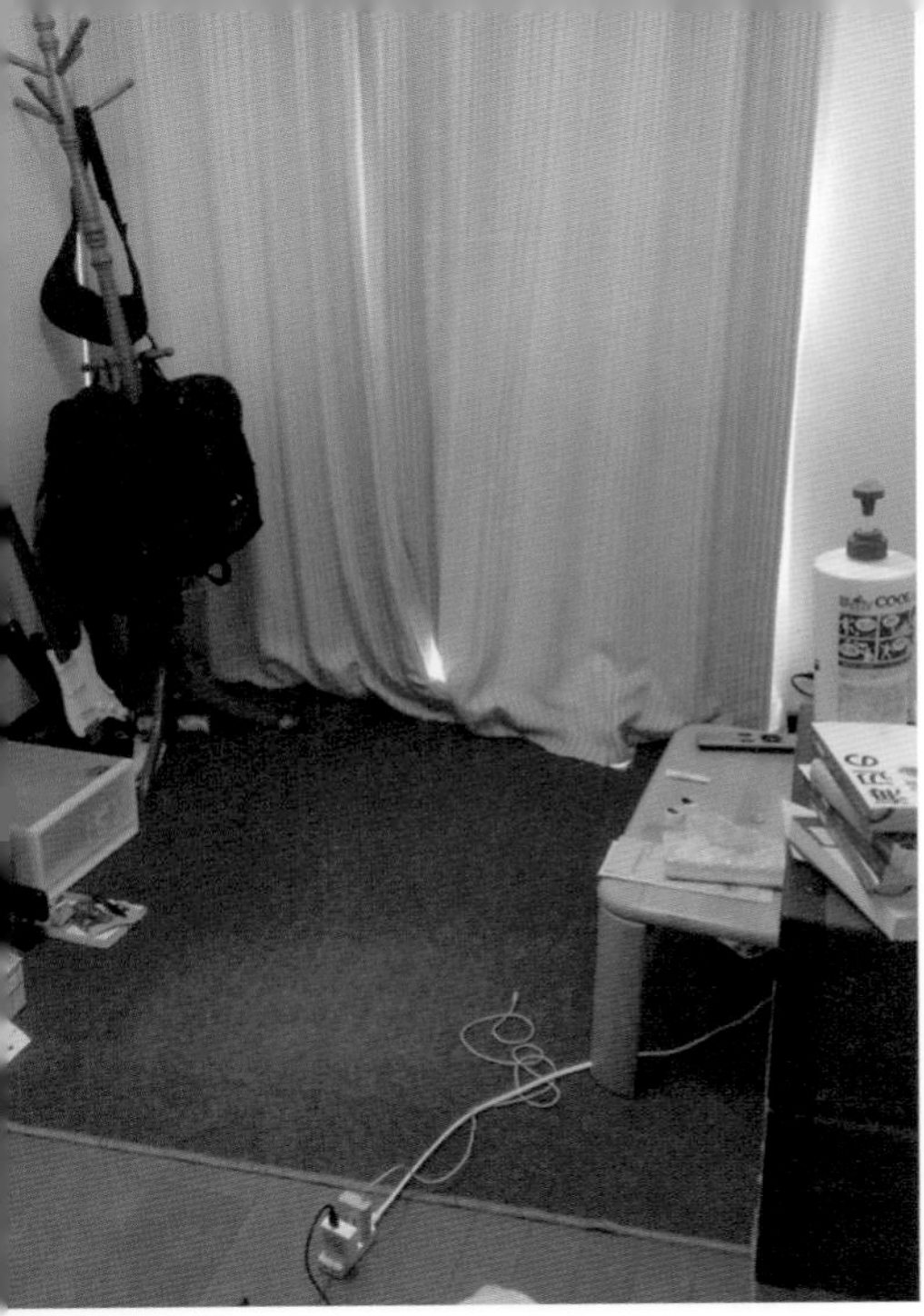

本棚だけではなく、根本的に収納スペースが足りていない。机は2か月前に購入。

工藤行晴

2000年生まれ、神奈川県出身の大学院生。現在は東京都府中市に暮らす。早起きは苦手。最近は有栖川有栖がお気に入り。アイドルは鬼頭莫宏。

ロフトに置いてある本棚のひとつと積まれた本。中段はジャンルがバラバラ。

大学時代の仮の栖

大学3年生の春、2年間住んでいた宿舎を退去して現在の部屋に引越してきた。新居探しに嫌気がさして、仲のいい後輩が住んでいるという理由だけで決めたアパート。そんな部屋でも、春夏秋と時を過ごせば想いや記憶が染みついてくるもの。玄関のガラス窓から差してくる薄紫の、ほのぼのとした朝の霞の色が好き。扉を開けば向かいの窓からおはようと、可愛い後輩がひょこっと顔を出してくれるしあわせもあれば、帰宅してそのまま床に倒れこみ、鮒か鰻か、垂れる意識の釣糸をぐいっと水底に引き込んで、泥のように眠り変な時刻に眼が覚める、或いは課題に追われて一睡もせず朝を迎える愁いさえもある日常。本たちは、あらゆるところに息をひそめて読まれる時を待っていて。貝合わせに憧れて大洗で拾ってきた貝殻は彩られぬまま白のまま、私の意識に身を委ねている。心にうつりゆくよしなしごとと、心のまにまにうつろいうつろわぬ小景と。気儘な内奥の諸相を垣間見せてくれるこの部屋とも遠からず別れの朝が来るだろうけど、大人になりきれない最後の時期の、めくるめく想いや記憶はきっと忘却の海の底には沈まない。寄せては返す泡沫の夢たちは瓶詰の手紙となって、波打ち際の砂粒の、未来の私に届く日が来る。大学時代の仮の栖は心の故郷として、いつしか帰ってくる場所になる。なんとなくだけど、そんな気がした。

キリンにチェロに萬葉集をはじめとする古典籍に、とにかく「好き」を詰め込んだ部屋。

前田彩夏
2002年生まれ、茨城県在住。日本文学（古典）専攻の大学3年生。チェロが好き、絵を描くことも本も好き。鳥が大好きで、散歩中に見かけるとつい追いかけてしまう。

地元山口県の萩焼の蛙とお地蔵さまと、大学１年生の頃に描いた鵲の絵がお気に入り。

部屋

ふたりでふらっと入った熱海の射的場でもらった虎の置物、捨てられずにとってある美術展のチケット、取手のとれるフライパン、豆から挽く全自動コーヒーメーカー、実家のおばあちゃんにもらったコストコのキッチンペーパー（おばあちゃんがそれを「チッキン」ペーパーと言っていたことを思い出す）、高温度でパンをさっくりと焼き上げるという謳い文句のトースター、中で茶葉が踊るように舞うという謳い文句のティーポット、要返却のクリーニング屋のハンガー、使わなくなったTHREEの化粧水と乳液、束になった会員カードと診察券、もう何だったかわからないが何かを充電するためのケーブル、腐りかけた紙パック入りメロンジュース、ニトリっぽくないと思ってニトリで買ったベットシーツ、クローゼットにかかったYAECAのシャツ、サンタ・マリア・ノヴェッラのポプリの香り、もう少しでなくなりそうな箱入りのマスク、終わりのみえない生活と線路の電車の音。

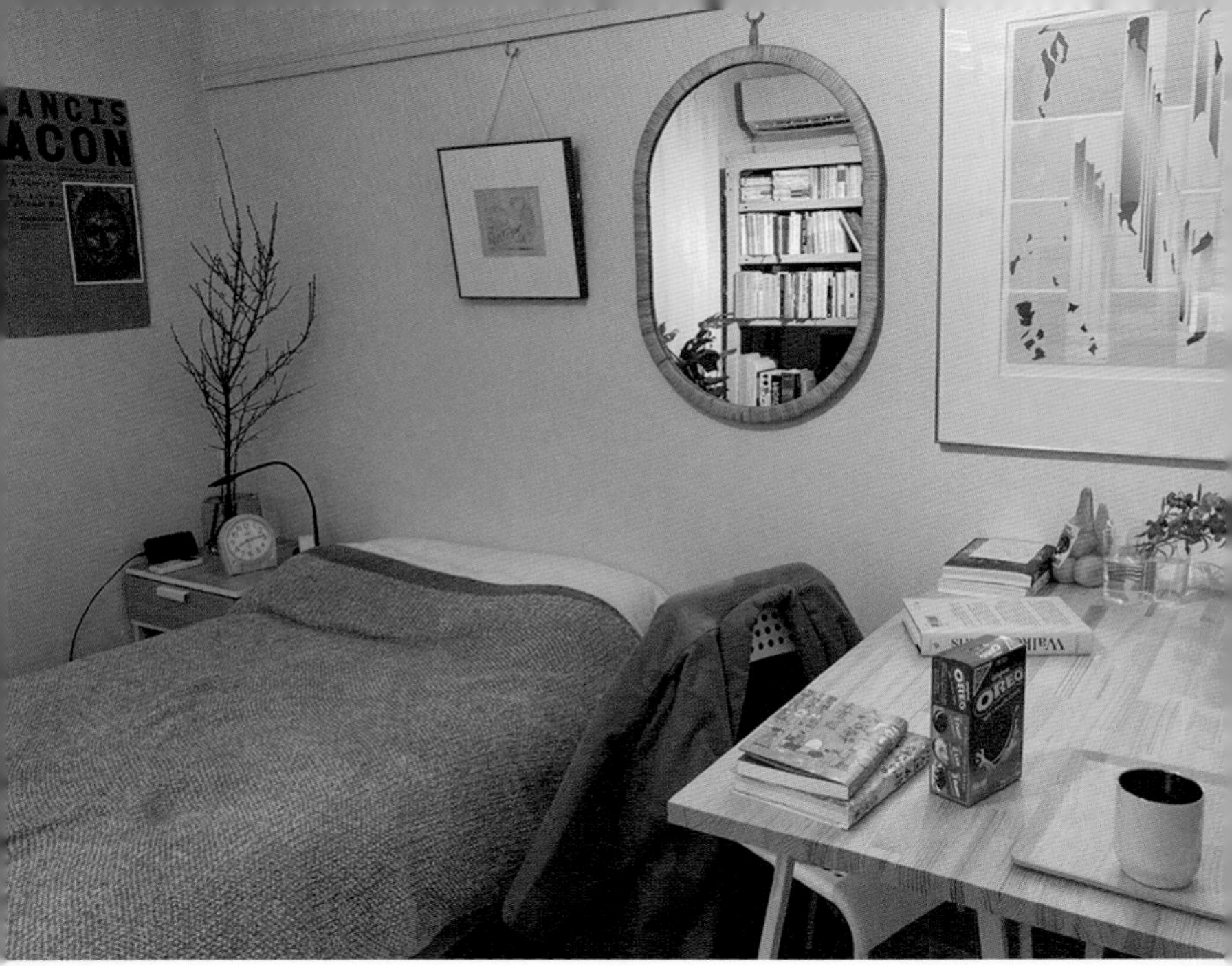

冬の部屋。

しんご
1988年生まれ、神奈川県在住。美術館学芸員。
今日葉山に釣りに行って、毒を持った魚に右の親指を刺されてじんじんしている。

自分への就職祝いに買った若林奮の版画と光がよく入る小窓。

仮暮らし実験基地

1年ほど前から、都内のアパートで仮暮らしをしている。

事実ベースで言えば、ただ「実家から出てひとり暮らしを始めた」だけなのだが、自分的にその言葉がしっくりきている。多分、暮らすように旅する生き方が理想(※まだ理想)なので、旅の「ベース基地」として部屋を認識しているのだと思う。

この1年、「暮らすように旅する」の練習も兼ねてミニマリストを目指し、部屋のメンバーたちを厳選してきた。

……が、1年経ってみると不思議なもので物は色々増えまくり、理想とは程遠い(でも、ちょっと実は心地よい)生活をしている自分がいることに気づいた。どう頑張ってもミニマリストにはなれなさそうだったのだ(自分には植物や紙の本は絶対必要だった……)。

ということで、最近は旅の練習と暮らしを一旦引き離し、シンプリスト風味に「自分にちょうどよい/ここちよい」を探す実験場所として、仮暮らしを試行錯誤している。

1年後、この部屋がどんな基地になっているのか全く予想はついていないが、今よりも帰るのが楽しみな場所になっていたらいいな、と思っている。

ミニマリストになりたかった片鱗と、その観点では失敗している壁沿いのメンバーたち。

ST
1996年東京都生まれ、在住。会社員。発酵食品が好きで、ヨーグルトは週1で作っている。

友人からもらったキャンドルホルダー。夜、部屋に星空を映してくれる。

暮らしを、置く

この部屋に越してきて、人生で初めてソファを買った。そこにだらりと座りぼーっとする。この時間が好きだ。窓の外に洗濯物がゆれる様はいつまでもながめていられる。それを知ったのはここに引っ越して3か月くらい経った頃。コロナに罹り熱と咳にうなされた数日後、洗濯物を外に干した。久しぶりの外の空気はなまぬるく、普段ならうっとうしく感じるそれが妙になつかしく、しばらく窓のへりに座って空をながめた。

この部屋はひとりでぼーっとする時間をくれる。気持ちにも空間にも余白がある。それが心地良くて、私はひとりがさみしくないのかもしれないと思う。でもそれに気づくたび、私は少しさみしくなる。

ここにはすっかり私に馴染んだ本棚の他に、新しく迎えたテーブルやカーペットがある。自分が良いと思えるものを選び、置く。こんなふうに自分の生活に目を向けた暮らしは初めてだ。まぁそれもいいよねと小さくつぶやき、私は今日もソファにしずむ。

香川、新潟、そして東京と引っ越しを共にしてきた本棚。

小倉

東京都在住、会社員。2度目の上京、只今3年目。冷蔵庫に水のトラブルのマグネットを集めています。通勤時、季節ごとに変わる花壇を横目に歩くのが癒し。

気がつくと夕方になっていたりして焦ります。

木造平家のいくつかあった部屋も天井もぶち抜いてワンルームにした。

部屋の中には、カセットテープやファミコンをラックにしまって壁面を飾りつける。叔父から譲り受けたもの。休日には、お気に入りのカセットをラジカセで聞いている。昭和にタイムスリップしたようで、懐かしい心地に新鮮なエモさがある。

小さなホールのような広々とした空間の中で、仰向けになって余白を感じてみる。古本屋で見つけた戸川純のカセットやYOASOBIのカセットに耳を傾ける。気づけば部屋の中には音符や声が飛び交う。音楽で溢れている。

すこしずつ、にんげんにしてくれる

朝日ごときでは目覚めない、困りつつもそう思っていたのに。

昔ながらのおうちの、天井と部屋の仕切りをぶち抜いたワンルーム、それがわたしのお部屋。隔てるものがなくのびのびしたこの空間は、〝部屋〟というより〝おうち〟の方がしっくりくるかも。

このおうちで暮らし始めて1年と2か月。ぱちりと目が覚める。屋根の半分が透明の板でできていて、光がたくさん入る。夏は高く長い、冬は低く短いお日さまの動きが見える。天候に左右されるから（もちろん電球もあります）、暗くなる前にあれとこれを終わらせよう。夜になるとちゃんと眠くなる。

鳴り続けるアラームの最後のひとつまで起きられず、ずっと自分は夜の方が向いていると思っていたのに、環境が変わるとこうも健やかになるのか。極端に落ち込むことも少なくなった。

大地といっしょに呼吸し、自然の流れが漂うこのお部屋が、すこしずつ私をにんげんにしてくれる。

引っ越し初日に「2年くらい暮らしてる感じやな」と言われた物量。今で1年ちょっと。

きむらけいこ
1992年岐阜県生まれ神奈川県育ち、京都府在住。縫う人。だれかの作りたいを形にできたらうれしい。そうとねずみ色がすき。かわいいおばあちゃんになりたいです。

1日のはじまりに見える頼もしい背中とまぶしい光。どこでねてるの？と必ず聞かれる。

かわいい夢のマイホーム

関東平野のまんなかで生まれたわたしは、長野の雄大な山々に、とりわけ壮大な北アルプスに、いつからか心を奪われてメロメロになっていた。ひょんなことから信濃大町の商店街で古本屋をひらくことになり、北アルプスの麓暮らしの夢が叶う。とはいえ住まい探しも途方に暮れていたところ、人づての人づてに紹介してもらった家は、キャンプ場にあるコテージのような三角屋根の小屋。4畳半よりもひと回り小さな部屋とはしごで登るロフト。トイレとミニキッチンがついていてお風呂はなし。小屋の隣には大きなカラマツの木が1本立っていて、見た目はiPhoneの絵文字とそっくり。かわいい夢のマイホームではあるものの、引越しをしてからお店の開店準備、日々の営業、真夏の山小屋暮らしと、家にいる時間はとても短い。夜も遅くにそそくさと帰り、おやつを食べて、もぞもぞとロフトに登るわたしはさながら木の穴に眠るリスかモモンガかムササビか。ここは小さな巣なのかもしれない。

ごちゃっとした部屋がなんだかんだ落ち着くタイプ。本も服も雑貨も拾ってきた石も、あらゆるお気に入りを貯めこんでいる。

小野村美郷

平成のはじまり生まれ。北アルプスの麓在住。古本屋「書麓アルプ」店主。夏は山小屋、冬はスキー場のリフトで働く。歩くことが好き、だけど乗りものに乗るのも好き。

実家を出たときからずっと引越しに付き合ってくれているらっこちゃん。一緒に寝てる。

秘密基地

市街地から船で40分ほどの離島と郊外での2拠点生活を、今の場所にまとめたのが10年ほど前。当時、仮住まいのつもりで決めた物件なのですが、思いのほか住み心地がよく、ずっと今の場所に住んでいます。

仕事柄、ちょっとした電気関係の作業ができるように、部屋の隅にちいさな工房スペースがあります。建物の外観はかなり年季が入った古いものですが、部屋の中には電子機器がひしめきあい、さながら秘密基地のようになっています。

工房で作業をしていると、時折ふと、実家の納屋にあった祖父が作った工房で、祖父と一緒に色々なものを作ったり修理したりしていたのがとても楽しかったことを鮮明に想い出します。その時の記憶は、ものづくりに携わる仕事に興味を持つようになった原体験の一つなのだと思います。

現状からはほど遠いのですが、ものがないすっきりとした部屋にも憧れがあります。少しずつ断捨離を進めていて、引っ越し当初からはずいぶん物量を減らしたものの、さらに半分くらいにすることが当面の目標です。

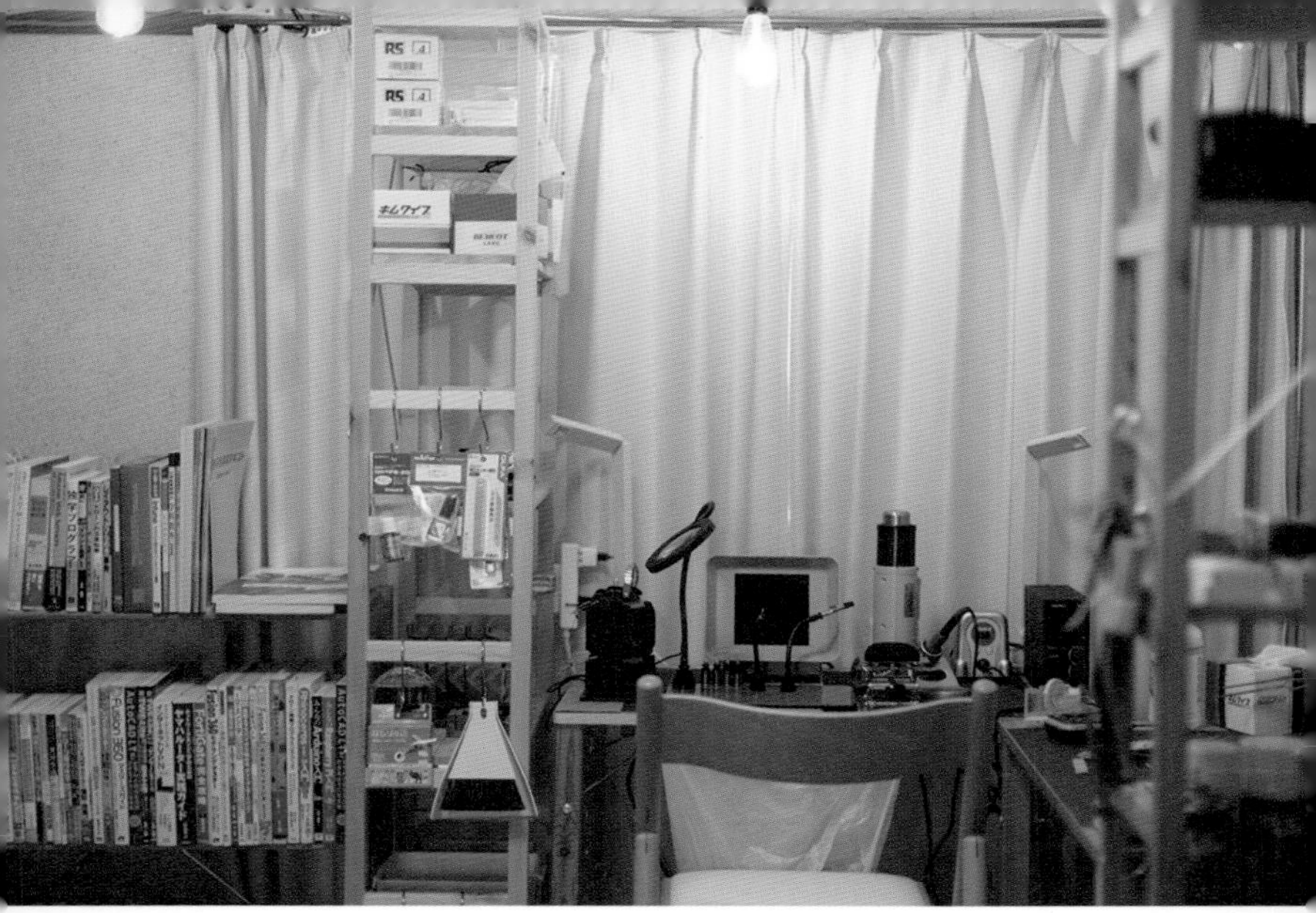

思い立ったらすぐ作業できるように、生活スペースの隣にある工房。

小野正人
1977年生まれ、香川県在住。IT関連で、企画やものづくりの仕事をしています。島巡りが趣味で全国の有人離島制覇を目指しています。

お気に入りのものを置いている棚。時々入れ替えます。

象

「私の部屋」には、象がいる。

気配と物音、生活の痕跡は、小動物たちのそれを除けば私ひとりのものしか存在しない部屋の中に、目に見えないそれはいる。

19の頃にひとり暮らしを始めた。学生さん用のややお高いマンション。すぐ裏手にある喫茶店の焼きそばが美味しかった。幾度かの引っ越しや帰省を経て、今は2K平屋の木造一戸建てでひとりの生活をしている。

かつては同級生や友人たちのたまり場とされた過去もある「私の部屋」は、今やその半分近くを仕事場モドキとして供され紙で溢れ、残りの半分も本や工具、生活用品など様々なモノで溢れかえっている。訪れる人は誰もいない。訪れてもらうようになっていない。「私の部屋」も、私自身も。

せせこましい部屋の中、多くのモノに囲まれながら、象がそこにいる。目に見えないそれを私は見る。御することも追い払うことも不毛な所為であり、かといって親しく付き合う気も起きない相手。

今もそれは、この部屋にいる。

あちらとこちらの間には本棚が並んでいる。敷居を跨いでいるので襖が閉められない。

九鬼将司
1987年生まれ、三重県出身の神奈川県在住。本屋「こんぶトマト文庫」店主。ご飯を作るのと食べるのが好きで、中華鍋を愛用中。先日パラパラのまじうまチャーハンに開眼した。

机の上の賑やかし。新入りのぷよぷよスーパーボール(大)はよく床に叩きつけられる。

期間付きのひとり暮らし

実家に戻り、5年が経つ。そんな中、家を改築することになり、ひとりで住める部屋を1年だけ借りることになった。以前から家から少し離れたところに絵を描くためのスペースを借りていて、新しい部屋はそのすぐ横にある。古い建物だが、住んでいる人はどう改装しても良いという変わった条件がついている。前に住んでいた方の手で真っ白に塗られた空間には、シャワーとトイレと流し台、寝泊まりするには十分な必要最低限のものがそろっている。古い建物の造りも、風や車の音でがたつく窓ガラスも、いまはあまり出会えないような佇まいで気にいっている。アトリエと住居を往復していると、滞在制作でもしているような気分になり、これまで訪れた別の土地での時間を思い出したりする。

制作が佳境の日、隣のアトリエで遅くまで制作して泊まる。寝泊まりし始めると、少し怖かった夜のアトリエに慣れ始めた。家族や猫もいない部屋は、のんびりと時間が自由に使えて、静かで少し寂しい。実家で十分足りていてひとり暮らしは全く考えていなかったけれど、思い切って借りたもうひと部屋。贅沢なことだが、拠点がいくつかあるのは丁度良く、1年なのか数年なのか、もう少しだけ借りてみたいと思う。日常が少し動いたようで、隣にある5年目のアトリエを新鮮に感じている。

最低限の生活空間。絨毯だけは気分を上げるため奮発して買った。

浅野友理子

1990年生まれ、宮城県在住。画家。色々な場所を訪れながら、植物の利用方法や食文化にまつわるエピソードを描いている。もうひとつの家は海が近いので、久しぶりに釣りをはじめた。

真っ白な部屋のベランダに1本だけ蔦が伸びている。

在るものの手ざわり

東向きの窓のそばに陶芸用の轆轤《ろくろ》を置いている。去年陶芸を習い始めて、今から半年ほど前に譲り受けた。

最初は家の中に轆轤がある状況に理解が追いつかなかったけれど、今はすっかり馴染んで黙々と器を作っている朝の時間がこの上なく幸せだ。

気づけば生活におけるあらゆる余白に、消費者ニーズとして隙間なく埋められるプロダクト。例えば石鹸。手洗い用、洗顔用、身体用、髪の毛用と身体を洗うだけでこんなにもプロダクトが入り込む。そしてそれを無批判的に受け取る自分。あらゆるところに答えが用意されていてそこに飛びつく。ふと、そういう姿勢はなんだかとても頼りなく感じることがあった。だから陶芸を含め、生活における在るもの・為すことを意識的に自分の手で確かめるようにしている。そうしてニーズとやらを解体していく。

部屋の中央には火鉢を置いている。冬は炭を入れて焼き芋をしたり、ただ炭の燃焼を見つめたり。

目の前で生じること、在るものをただ味わうこの尊い時間の存在を、やっと見つけることができたように思う。

基本的にこの火鉢の前か、轆轤の前か、ベランダで多くの時間を過ごしている。

工藤京平
1996年京都府生まれ、東京都在住。会社員。朝起きて最初にすることは洗い物と洗濯。手を動かしているうちに目が覚めていく。

ソファ横にある、自作の壺と雑多な本が並ぶ棚。

アンプラグド回帰線

電化製品の故障というのは、なぜこういつも同時に起こってしまうのだろう。

掃除機、腕時計、ギターアンプ。昨夏の間に壊れてしまったものたち。

とりあえず掃除機がないのはちょっと困る。そこでふと思った。うちはほとんどフローリングで、部分的にラグを敷いているだけだ。掃き掃除と雑巾がけで代用できるのでは？　いや、そもそも掃除機のほうが代用品じゃなかったっけ。

試みは成功だった。運動になるし電気代はゼロ。音楽を聴きながら掃除するにも静かでいい。そしてちょっと楽しい。

ギターはアコースティック。

腕時計は手巻き。

近距離移動は自転車。

父から受け継いだ70年代の手動式コーヒーミルも健在だ。

アンプラグドなものたちを日常に戻してゆく。

ＳＤＧｓだとかの話じゃない。お金がないだけでしょ、と言われたらそのとおり。

でも、楽しいほうを選んだら自然にこうなったのも事実だ。

日々の雑事が楽しくなるのなら、残りの人生楽しいことばかりじゃないか。

レコード屋みたいと言われますが、一応レコード屋（ネットショップ）です。

燃える男の赤いレデッカー。ドイツREDECKER社製の箒と塵取り。

久納ヒサシ
1974年生まれ、長野県在住。レコード店運営／ラジオDJ。毎朝、豆を挽きコーヒーを淹れます。寝坊しても「遅刻します」と連絡してから豆を挽きます。

夜行船

私はそれを、家ではなく船だと思うことにしている。

20時くらいに仕事を終えて、私は私の船に帰ってくる。帰宅と同時に出航だ。船に乗り込むと、まず靴を脱いで床に上がる。船らしく感じるためのポイントは、小さな明かりだけ点けること。かばんを定位置に転がし、服を着替える。ぬるま湯で手洗いとうがいをして、ついでに顔も洗う。床はびちゃびちゃ。冷蔵庫を開けて食べ物を探す。結局、パックのご飯をレンジで2分温めて、豆腐が浮いたインスタントのスープと一緒に食べる。食べ終えたら、食器をシンクへ持っていく。明日起きたら洗えばいいや。

薄暗い船の中、低いベッドに寝転がって、橙色のマンゴーのアイスをかじる。この堂々とした味を感じているときは、いやなことを思い出してもやりすごせる。ところで今、私の船はどのあたりを進んでいるんだろう。どこでもいいのかもしれない。私は船に乗っているんだと浮かれていることに、満足しているからだ。

部屋が明るいと色々なものが気になってしまう。暗くしていたほうが気持ちが休まる。

渋柿ヨーコ
1992年生まれ、東京都在住。会社員。アイロンを使ったら、プラグが抜けた状態をスマホで撮影してから出かける。電源をちゃんと切ったか心配になるので。

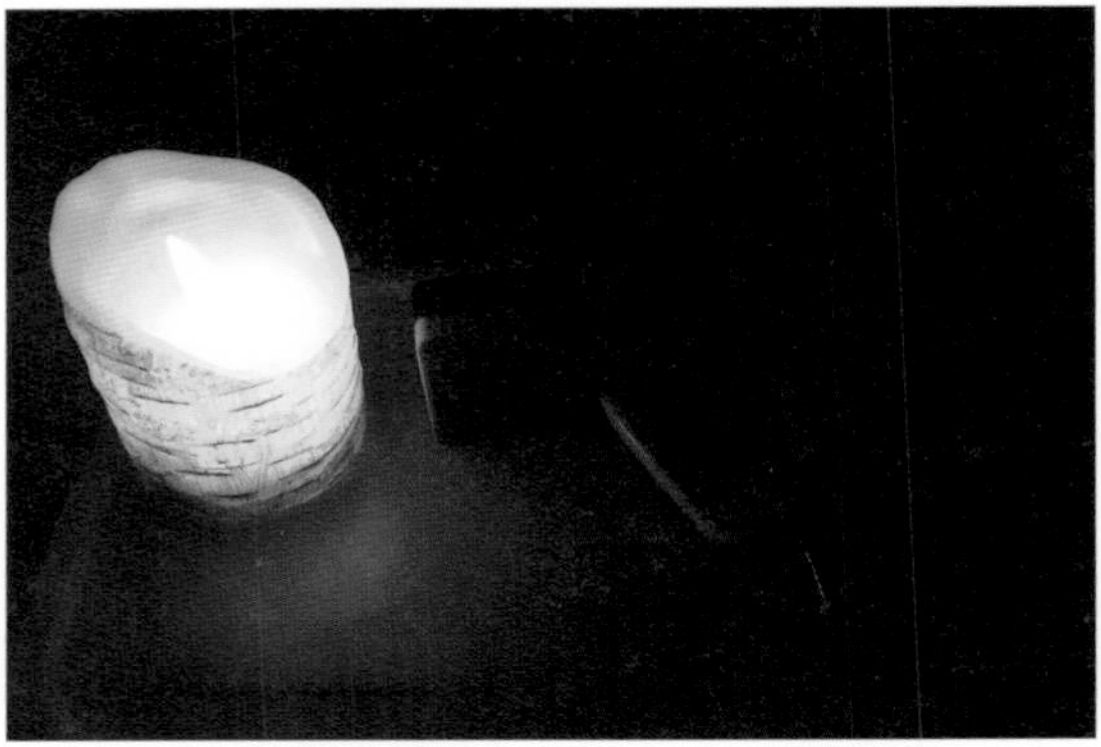

枕元には、目覚まし時計と体温計、リップクリームがある。ここにスマホを置いて寝る。

地域社会の窓

引っ越しをした。リノベーションしたての新しい住まいには過去の住人の生活感は残っておらず、木材と塗料の入り混じったにおいが鼻を突く。

夏の強烈な日差しに慌てて注文した寝室のカーテンは、寸法を間違えたせいで半端に裾を引きずっている。居間の大きな腰窓にはブラインドカーテンをつけたかったのだが、レールの造りの関係で取りつけが難しいらしく、しばらくはご近所から丸見えの状態で過ごすことになった。

窓の近くに大きめの本棚と箱を置いて、雑然と積み上がっていた本やレコードを並べる。これも外から見えているのだろうか。見られて困るようなものではないけれど、見られることを変に意識している自分がなんだか恥ずかしくなって、数年前にジャケ買いした野坂昭如のレコードを面出ししてみた。これなら防犯にもなるだろう。

居間。躯体現しの無骨な天井が気に入っているが、夏は暑く、冬はきっと寒い。

尾林啓紀
1990年東京都生まれ、杉並区在住。英語の教員をしながら文芸翻訳に携わる。電子実験音楽とアーセナルFCが好き。

地域の安全を見守る野坂。

抜け殻

半年ほど前に入籍した夫とは、互いの仕事の都合もあり、それぞれ結婚前と同じ部屋でひとり暮らしをしている。夫は持ち物にこだわりがあり、都度持ち帰るため、部屋には夫用の布団が増えたくらいの変化しかない。

今年の夏、夫は布団の上に人型に衣類を敷き、その上に寝ていることが発覚した。下敷きにした衣類は、翌朝起床時まで綺麗に人型を維持し（夫はほぼ寝返りを打たない）、朝には人の抜け殻のような、事件現場のようなものが現れる。

日頃から、夫は常識にとらわれない性格だと感じてはいたものの、その生活習慣は衝撃的だった。汗が気になる夏季限定とのことであった。念のため、タオルでの代用や分厚いシーツの導入を提案したが、違うらしい。

完成した大人同士なので、これ以上口を挟むことはしない。夫は変わらず抜け殻の上で寝ている。いつかくるだろうふたり暮らしに向けた準備運動だと思っている。

頂き物が無秩序に並ぶ棚。東向きなので朝が一番暑い。

なかむらまい
1987年生まれ、青森市在住。真面目な公務員。ミニマリストに憧れているが、謎の置物を買い集めるのをやめられない。

例の抜け殻。これは朝の状態。

繋がる部屋　繋がらない部屋

僕は、いわば2つの部屋で生活している。一つはひとり暮らししている「自分の部屋」とも呼べる場所。もう一つは月額利用のシェアスペースである「みんなの部屋」とも呼べる場所だ。

シェアスペースは誰でも自宅プラス一部屋というイメージで借りられる部屋だ。僕はそこの管理人をしているのだが、ここは僕にとっては誰かと繋がる部屋なのだと思う。人との繋がりが欲しい人、地域で活動をしている人、僕と世代が近いからか僕自身に興味を持っている人。理由は様々だがそれが楽しい。が、その反面、気持ちは休まらない。

そこでもう一つの「自分の部屋」が出てくる。ここは完全にプライベートな、自分が誰ともリアルで繋がらない空間なのだ。やっぱり自分の部屋が落ち着くし、シェアスペースを俯瞰して見られる瞬間がある。

そんなコントラストのある二部屋で今日も、僕は「人間ひとりじゃ生きられないよなぁ」って思いながら人と繋がるし、「でもひとりの時間って絶対大切だよなぁ」って思いながら、誰とも繋がらない時間を過ごす。

自分だけの部屋。アイデアの源泉はやっぱりここかなぁと改めて感じてます。

岩本 爽
1997年生まれ、埼玉県育ち東京都在住。映像制作をしながらシェアスペースの管理人もしています。今の自分に欠かせないものは地域の人との繋がり。

アナログな作業をするスペース。気づけば好きな橙色のものが増えていく。

サニー・ウィークエンド

うちにはテレビがない。聴覚過敏のきらいがあるので、テレビがずっと点いているとストレスになってしまう。Z世代っぽいねと言われそうだが、見たい番組もさほどない。ひとり暮らしを始めて丸1年経ったが今も買わないままだ。

そのかわり、部屋で音楽を流すのが好きだ。わたしの相棒は円柱型の青いスピーカー。おととしの誕生日に親友がプレゼントしてくれた。お風呂に入るときも(防水機能を備えたスグレモノなので)連れて行くし、夜に作業をしながら何か聴くこともある。

いちばん好きなのは何の予定もない休日に、自分で作ったプレイリストを流すことだ。大貫妙子、宇多田ヒカル、大橋トリオ、土岐麻子、アリアナ・グランデ、ノラ・ジョーンズ、アレサ・フランクリン。とにかくごちゃ混ぜのこのリストは、晴れた日の朝から昼、夕方、日が落ちて夜までをイメージしている。

窓から注ぐ光に歌声が混ざって溶けて、わたしの身体を揺らす。だけどいつの間にかその光は橙になってしまう。

イケアで買ったお気に入りのテーブルと椅子。ごはんを食べる。

阿南麦子
1997年生まれ。東京都の西のほう在住。IT系の会社員。ひとり暮らしと自炊2年生。スパゲティを作るのが好き。

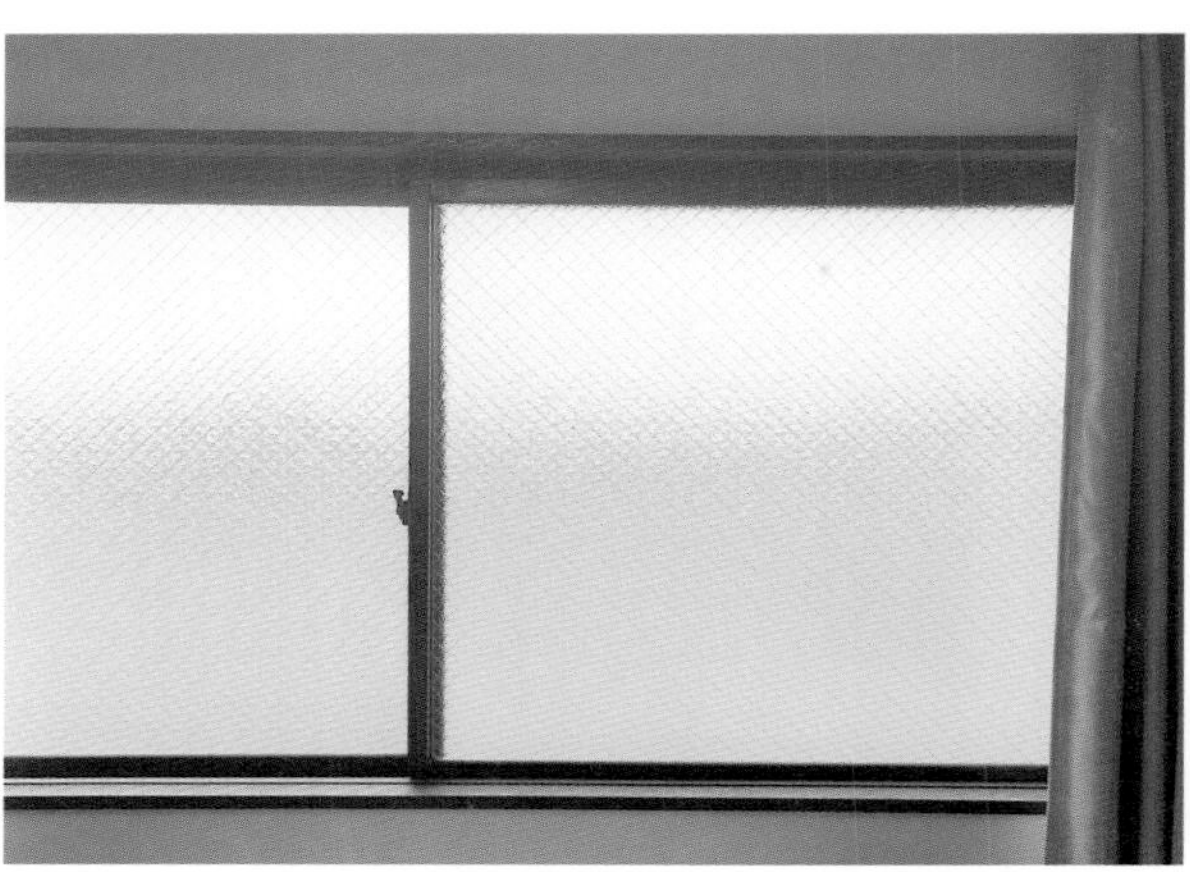

びっくりするほどでかい曇りガラスの窓。カーテンは生成り色。

世界を僕の頭にかき込みたい

壁際の小さな机に向かって、今日も日記を書く。

いまから9年前、ひとり暮らしを始めた24歳のときに実家から持ち出した木の机に向かって、ノートパソコンのキーボードを打っている。

その日の出来事を書くときは「○」と丸の記号を打ち、改行して内容に入る。重要なひらめきを書き留めるときは「∈」を、単なる思いつきをメモするときは「▽」を、映画や本の感想は「〜」を、仕事について書くときは「◇」を使う。

きっかけは、「松岡正剛の千夜千冊」の『記憶術と書物』の回だった。「想起とは、頭の中に描かれた絵を見ることである」「記憶とは、世界が頭に書き込まれていることである」とあるのを読み、ぶっとんだ。

今日は映画『ニトラム』について書いた。宮台真司氏が、主人公を「世界に開かれていて、社会から閉ざされている」と評した、神話のような物語である。

以前観た『冬の旅』のモナと『魂のゆくえ』のトラーもまた、同じ徴しの下に生まれた人物だと気がついた僕は、日記を閉じ、3人の姿を1枚の紙に描いてみた。

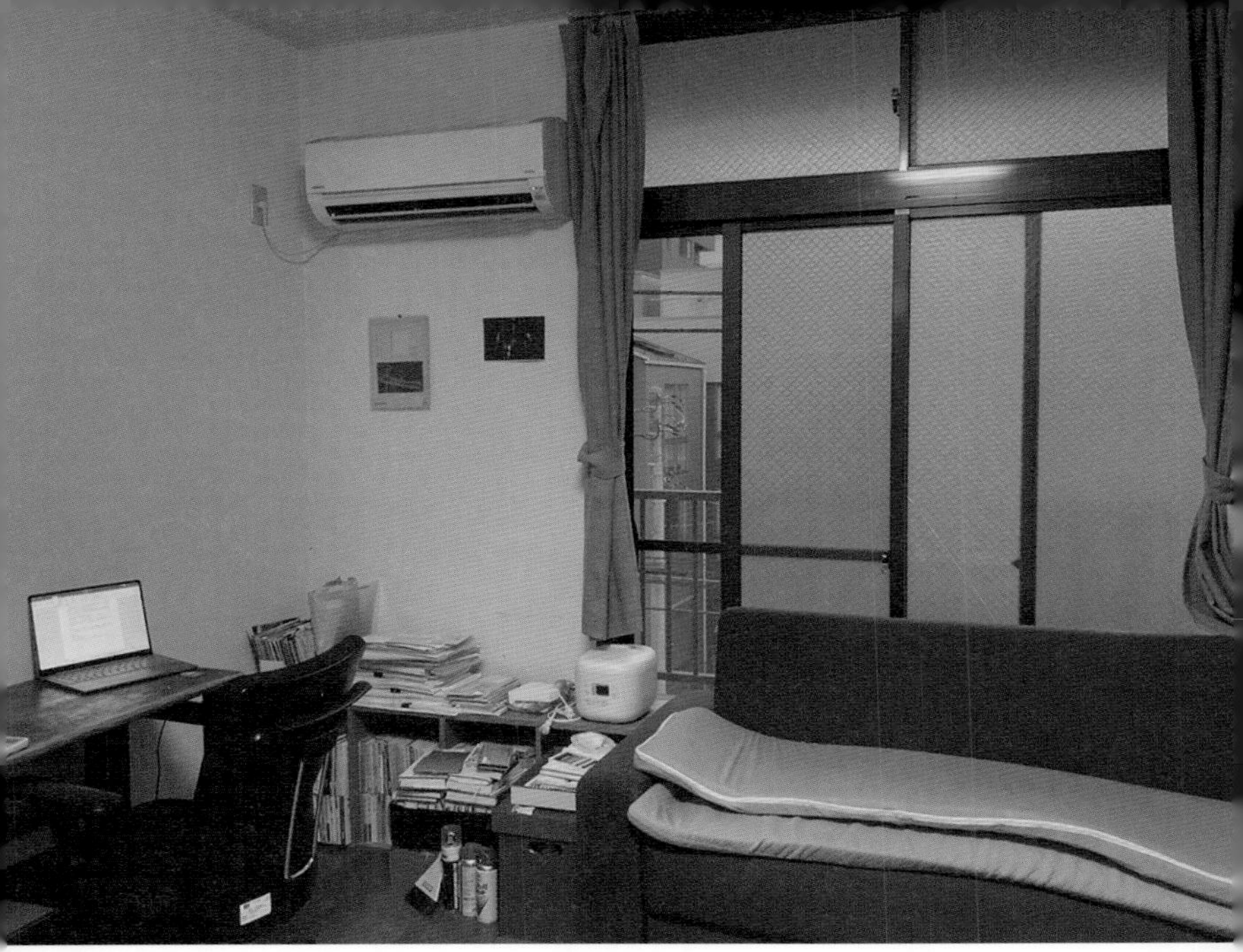

日中と夜の間の時間帯が、１日でいちばん過ごしやすい。

橋本 啓
1990年鎌倉市生まれ、東京都在住。編集者、映画鑑賞者、本読み。モットーは「二重に露光しながら、暮れ逢いたい」。

描き溜めたドローイングの束。映画について考える機会がほしくて始めた。

ひとり暮らしまで

初めてのひとり暮らしを振り返る。最初は狭くてボロボロの学生寮。ただでさえ知らない土地でひとり、不安だらけの新生活スタートだった。同級生の顔と名前が一致してきたころ、私は自室と同じ寮棟にある実佐子の部屋に入り浸り始めていた。実佐子は同級生のひとりで、その華やかな顔と会話の面白さ、ノリの良さからいつも輪の中心にいる子。そして優しくて言葉に嘘がない子だった。彼女はいつも部屋の鍵を開けたままにしていて、いつ何時訪れても「おつかれ〜」とのんびり迎えてくれた。自分の幼さのせいでひとり生活するには早すぎた私を、無条件に受け入れてもらえるありがたさ。それにしても、実佐子の大らかさと対照的に私の図々しさが際立つ。

それから十数年、居を転々とするうちに自室で過ごすことにも慣れてきた。自分のテリトリーだとなかなか気力が湧かない、それでも重い腰をあげて部屋の家具や小物をととのえたりスーパーで普段買わない野菜を買ってみたりする。少しずつ自分との楽しみ方を心得てきている。

部屋の一片に家具を固めている。登らないのに梯子をかけたままのトマソン状態。

入日洋子
1991年生まれ、宮城県在住。寝る直前に部屋の電気を消してから遮光カーテンを開けておく。目が覚めたときに外の明るさを感じたい。

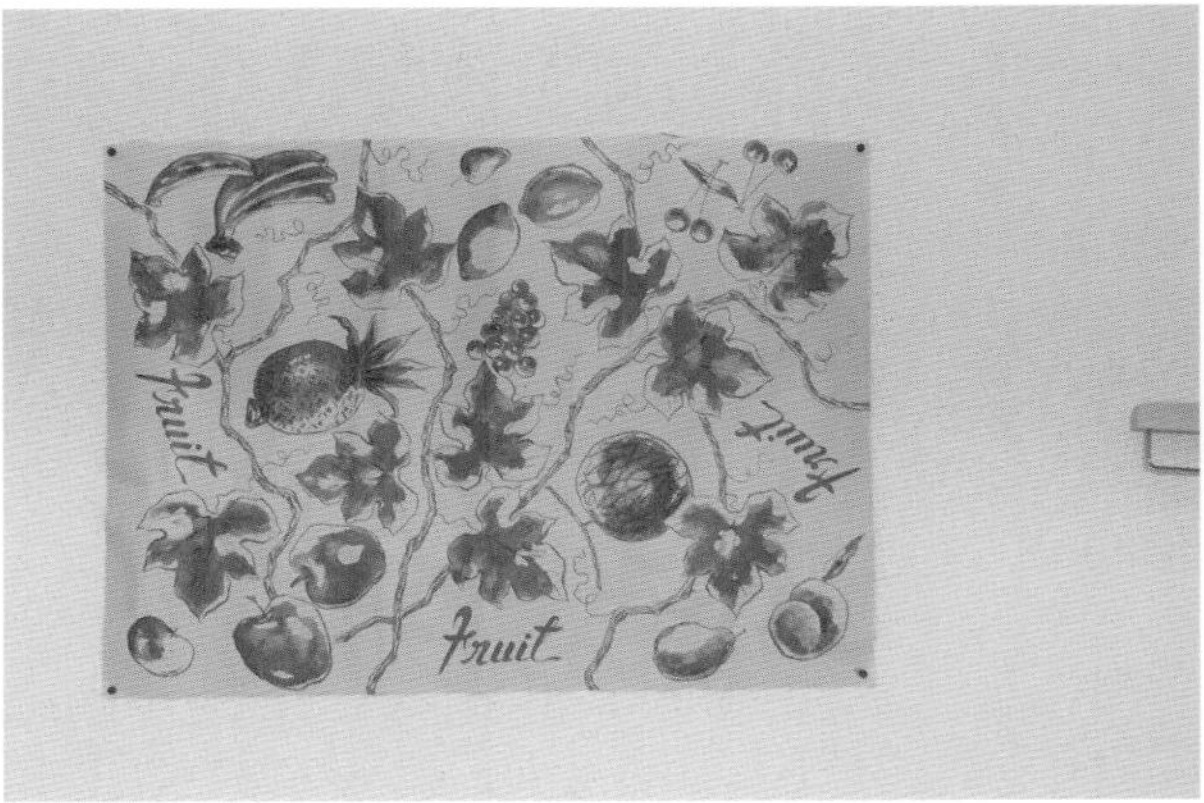

その反対側の壁に貼っている包装紙。6年前に三河島で拾った。

無重力の6畳で逃避行

わたしの生活のほとんどは、画面の中にあるのかもしれない。仕事も1日この部屋でPC画面の中を通りすぎていく。起きてすぐ、そして眠る直前までPC画面と共にいる。色々と問題のありそうな生活だけど、何事にも問題はあるので、果たして何をしようが大して問題ではないとも思う。

そんな日々の中、わたしは眠るとほぼ毎回、夢をみる。現実と地続きのような回でも、夢には重力がなく、どこか平面に近い感覚がある。夢には奥行きや時間軸がない。そういえば、部屋に飾っているチラシやポストカードも、画面の中では次元が違う。目が合っている間、宇宙にいるような感じだ。しかしそんな画面中毒に関わらず、わたしはスマホをほとんど見ない。もしかすると、スマホには少し奥行きがあるのかもしれない。

わたしにとって心地よい生活とは重力からの逃避なのかもしれない。この6畳ワンルームから、画面ひとつ、あるいは眠りひとつで、心をどこかに飛ばしていたいのだ。

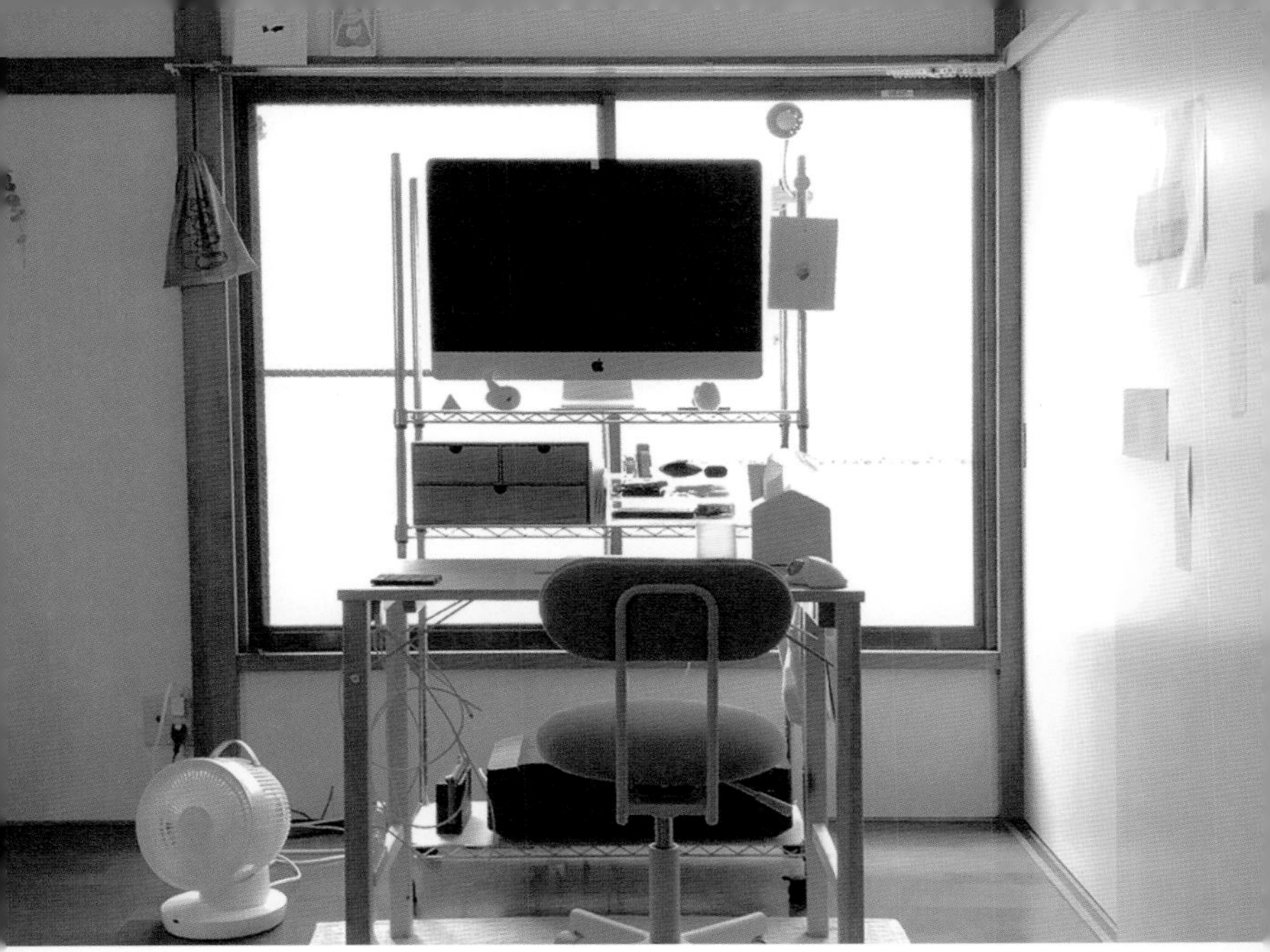

1日のほとんどこの椅子の上にいる。

にゅ
三重県生まれ、東京都在住。なんだかんだずっとデザインが生業。肩書きを消すのが夢。寝ることが何よりもすき。

いちばんは畳に敷布団。いまの部屋は板間なのでマットレス。ベッドは苦手。

in my own world

起床しベットから起き上がり数分後、ＰＣにログイン。

出社完了。

この起床から数分での出社が日常になってだいぶ経つ。

憂鬱だった銀座線の満員電車に苦しめられた日々も今や昔。

今では出社することはほぼ無くなり、自分の部屋で仕事が完結できる。

ただ、10年以上におよぶあの満員電車通勤の辛い経験があるからこそ、このありがたみを実感できるのかもしれないと僅かながらに思う。

リモートワークが主流になって在宅環境がかなり充実した。

ノイズキャンセリングヘッドフォンを装着して自分の世界に入る。

外音が遮断され集中力が格段にあがる。自分に最適化された環境というのは心地良い。

パフォーンマンス的にもストレスフリー的にも良い影響をもたらしている。

適度に休憩をはさみながら約12時間のデスクワークを行い、ＰＣをログオフ。

退社完了。

数分後、ベッドに倒れ込み、凝った背筋を伸ばす。この部屋の仕事環境は自分にとって非常に充実している。そんな生活ができる毎日に感謝。

自室兼作業部屋。自宅検証が可能なように、ある程度の機器と環境を自前で保持している。

H・N
1988年生まれ、東京都中央区在住。ITエンジニア。1日の9割の時間をデスク前で過ごす。ネットワーク機器やサーバ機器が好き。CCIEの資格を保持。

デスク全体。いつの間にか8面モニタになった。それぞれのモニタに役割がある。最近の悩みは電気代。

定期借家現状復帰不要

わたしは子どもの頃から、たとえ実家の部屋でもそこが自分の空間だという実感があまりなく、いつでもどこか他人の家に居候しているような感覚で、その時々を暮らしてきました。

現在住んでいるのは、市街地のはずれにある古いマンションの4階です。エレベーターはありませんが日当たりも良く、立地と広さの割には格安だったので、兼仕事場の物件を探していたわたしにはちょうど良い部屋でした。

家賃が安いのには理由があります。ここがいわゆる「定期借家」だからです。「更新できない物件」という意味なのですが、おそらく建物が老朽化したため、数年後に取り壊しをするのだと思います。

入居から1年が経ちました。畳敷の和室に寝転びながら、残り2年しかここには住めないのだと、ぼんやり考えます。

自分のあとに誰も住むことのないこの部屋には、もうすぐ無くなるのがわかっているもの特有の乾いた軽さがあって、それがわたしには、なんとなくしっくりくるのです。

けっこう前にリフォーム済みの、古いマンションの一室。

福原悠介
1983年仙台市生まれ、在住。映像作家。地域の文化とそこに暮らす人々の日常を記録する。これまで、おばあさんと猫の日常、まちの風景と詩、ダンスする身体、鈍行列車での旅日記などを映画にしてきた。

内側だけがなんとも言えない緑色に塗られたトイレのドア。

その願いが叶わなくとも

内見予定の前日、不動産会社から電話があった。希望物件が全て契約されてしまったとのこと。

年度替わりのオンシーズンとはいえ、内見予約を入れて数日後の出来事である。人気物件は競争なのだ。

幸い、契約されてしまった本命マンションのほかの部屋に空きが出ることになった。情報が出たばかりの別の物件も良さそうで、ついでにお願いする。

本命物件がいまいちなら、気長に探そうと思っていた。

結局私は、2件を内見したその日に部屋を決めた。

本命ではなくついでにお願いした物件の方で、部屋に入り数分で「ここにします」と不動産会社の女性に告げた。入ってすぐに「ここだ！」と思ったのだ。

最初に希望物件が全て契約されてしまったから出会えた場所。

ここに住んで以降、人がよく遊びに来てくれる。恋人ができた。ほかにも多くのことが開けた。

偶然かもしれない。でも、この部屋の居心地はとても良い。

1つの願いが叶わなくとも、別の素敵な幸運が待っている。そう思うようになった。

大きな窓がお気に入り。ひとり暮らしを始めてから花を飾るようになった。

坂場孝子
1981年新潟市生まれ、在住。ピアノ教室主宰。徹頭徹尾インドア派。猫好き。本好き。大抵いつも部屋のあちこちに本が積み重なっている。

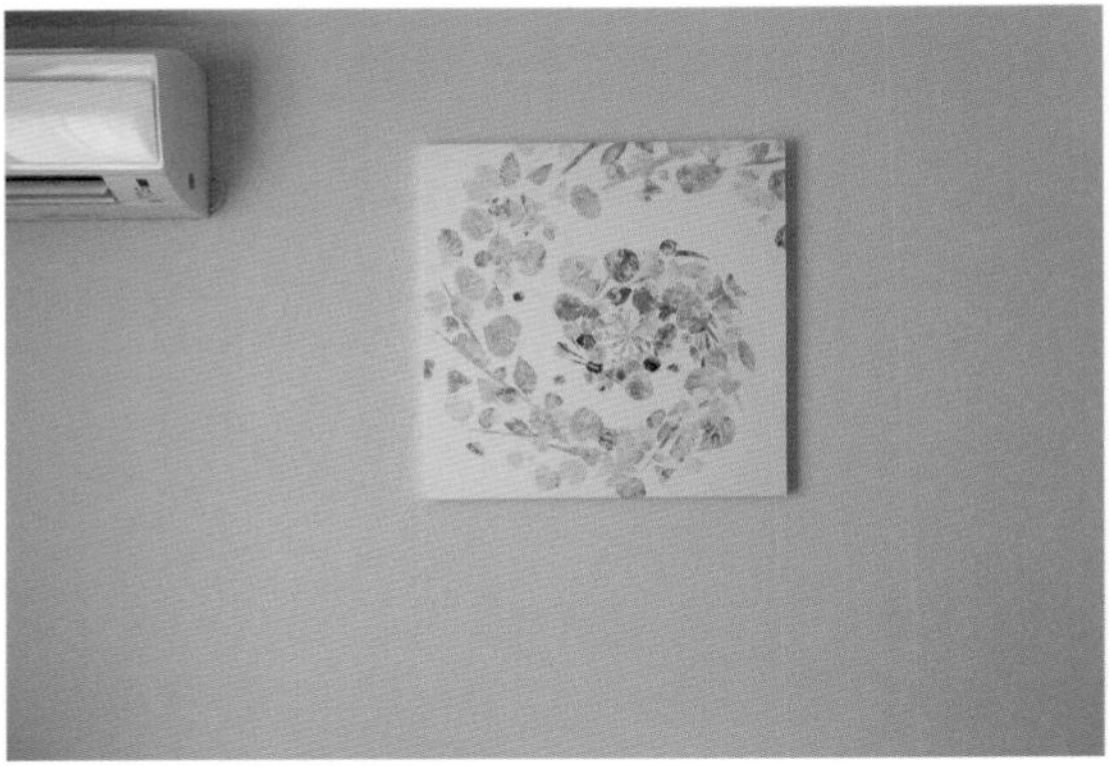

40歳の記念に購入した「冬のワルツ」という絵。この絵を中心に部屋を作った。

城と家

2023年5月にリアル書店を閉め、通販とイベント出店のみの形態に移行した。ここ2年ほど、平日は会社員、週末は自分の店、というスタイルだったから、とにかく家にいない。冬なんか電気代や灯油代がかからなくて自分でびっくりした。店舗がなくなり、書店としての作業も家でやるようになった今は、仕事をしていても「家にいる」ということ自体が休息になるらしい、と感じている。店を構えるとそれを「自分の城」と言ったりするが、「城」ではあっても「家」ではない、ということか。

使用料を払えないので店ではBGMを流していなかったが、今はマイナーな曲のヘビーローテーションなど好き放題である。気楽の一言だが、気楽がすぎて、残った在庫をトランクルームに運び込む作業をやろうという気が湧いてこない。猫のように段ボール箱の隙間で眠っている。寝返りを打つと箱にぶつかる、という生活にも慣れた。

家の一角が倉庫に。日の当たる場所なので、普段は布をかけている。

大友俊
1964年生まれ、秋田県秋田市在住。本屋「乃帆書房」のリアル店舗は2023年に閉店。暇になったらピアノを再開しようかと思っていたが、暇になる気配がない。

本はともかく、通販用の梱包資材と、イベント出店用の段ボール箱が場所を取る。

私の基地

毎朝私の基地から出発し、大海原へと泳いでいく。私の基地は、学校の中にある。大海原（基地の外）は刺激がたくさん。初めて見るもの、聞くこと、食べること、経験することであふれている。泳いでいる最中は、とても楽しい。知らないものばかりで、これは何だ、何をしているんだ、と尋ねては教えてもらい、一緒にやる。そして、基地へ戻ってくると自分がどっと疲れていることに気づく。まるで海水浴した後みたいに疲れている。そして、気づいたら爆睡。だんだん日がたつにつれ、体力がつき最初のころよりは疲れなくなってきたけど。

私にとって私の部屋は体力を回復して、自分の世界にこもる自分の基地。外とはどこか遮断されていて、たとえ水道が通っていなくても、コンクリートむき出しの床でも、たくさん虫が飛び跳ねていても、自分だけの心地よいスペース。今日も私はこの基地から海へ飛び込んで行く。

コオロギやヤモリが頻繁に遊びに来る部屋。

横山穂佳
1997年長崎県生まれ。現在大学院生かつJICA海外協力隊で、ウガンダの学校の先生。水汲みのある生活を存分に楽しんでいる。

私の相棒ジェリカン（水を汲むときに使うもの）。

崖の上にある一軒家。

窓から崖下を見下ろすと海が見える。波が迫ってくる。

大きなソファに腰掛けて iPad で電子書籍や YouTube を眺めている。ペルシャ絨毯の上で水色のうさぎが跳ねている。ずっと飼っていたうさぎ。抱こうとすると、足で蹴られるので、眺めているだけだ。そこに生き物がいるだけで、寂しさが埋められる。

だれも住んでいない場所にしばらく期間限定で一人きりでいようと思ったが、やはりなにかしら温もりを求めてしまう。ここでは、とくに仕事もせずに、ただぼーっとしていようと思った。自分のこころに向き合ってみる。

直線的な時間から解放されて宙吊りになってみる。

波の音を聞きながら、眠るうさぎと丸まる、まるまる。

離島の一軒家にて

佐賀県の離島に住んでいる。

今の家に住むことになったのは「地域おこし協力隊」に就任したからである。1年と少し前、随分古くはあるものの、2階建ての立派な家をあてがわれた。実家以外では小さなアパートにしか住んだことのない私にとって、この家は部屋数も多く、あまりにも広すぎた。

一軒家というものは、ひとりで住むにはなにかと不便であることがよくわかった。雨風の音が大きくて眠れない、押し入れの天板が外れる、梅雨になるとムカデが出る、台風のたびに定期船が欠航する……なんかもうとにかく、色々ある。結局、たったひとつの部屋にタンスやテーブル、布団を詰め込んで生活している。

人には「適当」なサイズがあるのだと知る。私には10畳で十分だったのかもしれない。……などと言いつつ、漁師さんにイカや魚をもらえば匂いも気にせず適当なところに干し、夜中にカンカンと竹を割っても苦情もない。自分の生活の「適当」が、少しずつ佐賀の、この島の、この家に近づいてゆくのを実感する。

少し前からねこと暮らし始めた。若いねこは、のびのびと広い家の中を走りまわっている。

机代わりにしている押し入れ、ねこグッズ、竹細工スペース。全てひと部屋におさまる。

ナガシオチナツ
1991年生まれ、佐賀県在住。イラストレーター。
佐賀県地域おこし協力隊として離島に住んでいる。
竹細工練習中。

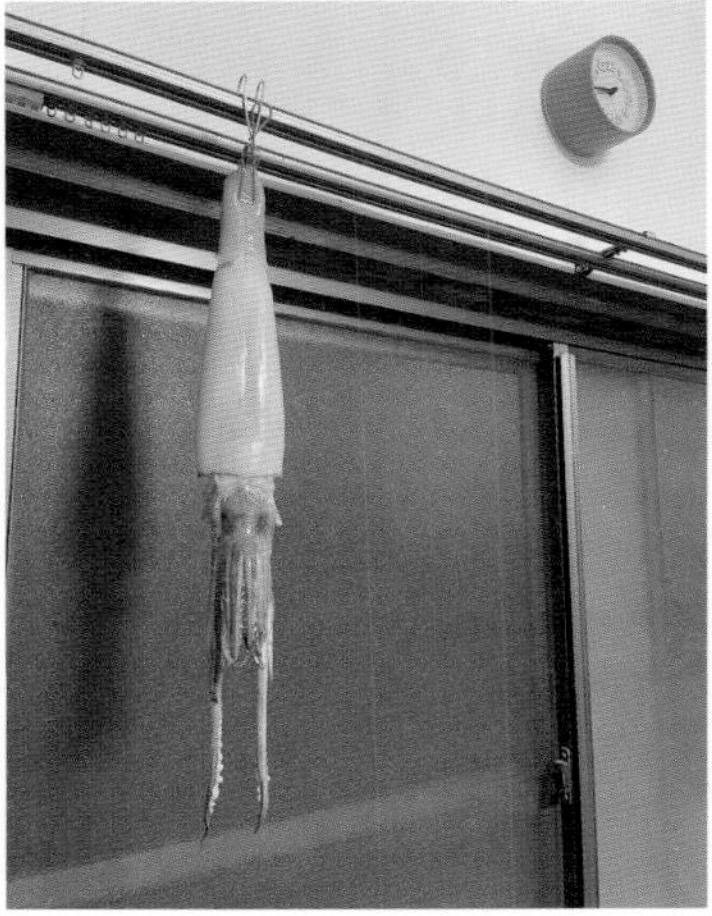

おもむろに干されたイカ。

虫愛づる日々日々

門のある大きな屋敷に引っ越した。

毎日違う部屋で寝ても、2週間では一巡出来ないぐらい大きな家だ。

そんな家にひとりでポツンと住んでいる。

引っ越した当初、まずやるべきことは、部屋や廊下に散乱するヤスデの死骸を捨てることだった。

生きているヤスデもたくさん殺した。1日に20匹殺しても次の日も同じ数だけ出てくる。

大きな家にひとりでいること、虫がいっぱいいること、そんなことでしばらく心細い気持ちで生活していた。

そのうち、ティッシュで殺していたものを、もったいないからと素手でつかみ、縁側に投げ捨てるようになった。きまぐれに手のひらでしばらく這わせたりもしてみる。終いには、捨てても捨ててもきりがないので放置するようになった。

居住空間が大きくなると、虫が出ても距離が保てるため意外と気にならない。

ムカデに似ているけど、どこか愛嬌があるヤスデ。

名前をつけて愛づる日々も近いのかもしれない。

縁側があり、庭園があります。

俵 航海大

1995年生まれ。長崎県出身で岩手県に移住。ジビエ工場で解体業務に携わりながら、狩猟もやっています。

明るく大きな窓の前にあるデスクがお気に入りです。

交わる暮らし

街から少し離れた山あいの場所にお家があります。毎日グネグネカーブの峠を越えて、自分のお店からお家に帰ります。30分の峠道からはとうもろこし畑、鹿やたぬき、カモシカ、夕焼けや穂高連峰をみることができます。お家に帰るまでの道も頭の整理ができる良い道です。

わたしの住んでいるお家は古い平屋です。友人の祖父母が暮らしていたお家です。好きな場所は広い縁側です。時々みょうがもとれて、夏はぐんぐんはえる雑草畑のお庭を眺めながら、縁側に座って本を読む時間がすきです。

このお家には以前住んでいた人の好きなものや部屋の壁に書かれた不思議なメモ、着物などが置かれていて住んでいた人の暮らしを感じます。

以前はアパート暮らしで誰かの暮らしを感じて暮らすことはなかったので、不思議な感覚です。

お会いしたこともない、以前住まれていた友人の祖父母の暮らしを感じながら住むことは、時々自分の暮らしと交わるようでおもしろいです。

泊まりにきた友人に旅館みたいと言われる縁側の机と椅子。

夕やけこやけ店主
1988年生まれ、長野県在住。古本と昔あそびのお店「夕やけこやけ」を下諏訪でやっています。朝起きぬけで近所の山に登ります。

自分の好きなものたち。

愛媛から旭川に移り住んで

現在の住まいに越して2年と半年が過ぎた。余りにも無計画であったところ、仲良くしてくれる喫茶店の方からの紹介で、家電や寝具などを無償で引取り最初の年を越した。平屋に住み、食事や寝起きする部屋の他に、2部屋ある。1部屋は、機械などを使う作業部屋に。もう1部屋は、今年から古本屋まがいのことを始めたので本の在庫置き場になっている。縁あって本は無償で引取り、自分が読んで手放したものはごく僅か。

冬の旭川は当然寒い。しかし、元々備え付いていた通称FFという暖房器具を稼働させると愛媛で極寒書店と言われてた店内より断然暖か。しかし燃料費高騰のことと、低所得者の身ではがんがん焚くことはできない。自然と行動範囲も狭くなって、作業部屋・本の在庫置き場には出入りしづらく、窓に結露した水分は凍ってしまう。

ものが溢れつつあるこの住居、お勤めを頑張ることをしない身には釣り合いがとれてないかな。

本の在庫置き場。引き戸の上にある飾りから道内の家感が出てお気に入り。ミシンは主に繕いものなどで利用。

タケイ
1985年生まれ、愛媛県松山市出身。2014年から21年まで松山市で本屋「浮雲書店」を経営。21年旭川市へ。季節労働の傍ら、「漂着点」という名で古本などを商う。毎晩の飲酒はかかさない。

PCは主にネット出品する用。傍らに出品物。戴きもので作った家具、タダで貰ったソファは荷物置き場に。

湖、山、温泉の暮らし

私が暮らしている3階の部屋の大きな窓からは、いろんなものが見える。夏は毎日あがる花火。小さな富士山。穏やかな湖。ひとり暮らしをはじめて8年、1Kの小さなこの部屋に越して2年が経つが、いろんな出来事が私を通り過ぎていった。

夏は眩い日差しに目を細めたり、冬は公衆浴場で身体も心も温めたりしながら、この環境を楽しんでいる。海が見える町で育った私が、今は山に囲まれた町で暮らしていることがなんか面白い。自分の世界は、自分の手でつくりなおせるし、その世界はとっても美しくて、やさしさに溢れている。そのことに気づかせてくれた今の暮らし、ありがとう！

最近の変化といえば、セキセイインコを飼いはじめた。何かをひとりで育てる経験がない私は、毎日が新鮮。まだ生後2か月の好奇心旺盛な生き物と一緒に、これからどんな生活をしていくのだろう。あなたはどんな町でどんな生活を送っていますか？　いつかどこかですれ違うことがあるのかな？　そんなことを思ったりしています。

大きな窓が引っ越しの決め手。前の家のカーテンじゃ丈が足らない。

megu.
1997年福井県生まれ、長野県在住。コミュニティスペース運営。山、湖、温泉に囲まれた暮らしをしています。最近の日課は、湖沿いを散歩すること。

セキセイインコのハニちゃん。扇風機の上がお気に入り。

初めてのひとり暮らし

2022年9月から夫の単身赴任により、35歳にして初めてのひとり暮らしが始まりました。猫を飼っているので、正確にはひとりと1匹暮らしです。もうすぐ1年が経ちますが、今まで夫に家事や家計や話し相手など、いろいろなことを頼っていたため、まだ慣れない日々です。

そんなひとり暮らしで、私が頼りにしているのは猫と絵です。

私の部屋は、作品制作と絵画教室の子どもたちの図画工作の準備をする場所として使っています。キャンバスや紙に絵を描き、その隙間で図画工作をします。そのまた隙間をぬって猫が眠っています。そんな猫と絵で満たされた部屋に篭っていると、だんだんと今の生活を受け入れることができるようになりました。

余裕が出てくると周りを見渡すことができます。庭で飼っているメダカやエビ、ご近所の人たち、家族や仕事、周りの子どもたち。よく考えてみると周囲にたくさん頼れる人や生き物がいます。

そう思うと、私の生活はひとり暮らしというより、ひとり暮らしごっこに近いのかもしれません。

作品制作と工作の部屋。

私の好きな物たちを押しのけて、眠る猫「パン」。

上野あづさ
1987年生まれ、香川県在住。パートをしながら、絵描きと、子ども向けの「絵のきょうしつ」を開いています。自宅にいる時間の大半をラジオと共に過ごしています。

ほぼひとりの暮らし

数えてしまうとびっくりするくらい長いが、ひとり暮らしは15年目になります。この家に住み始めたのは11年前。坂道に建てられたマンションの8階にある1Kで、すこし狭いとは思いますが、山に囲まれて、眺めがいいです。カーテンを開き、広い青空から光が差し込む瞬間に癒される毎朝です。

2年前からフリーランスになり、家にいる時間もストレスもだいぶ増えました。そして、晴れの日に、ベランダだったスペースでヨガをしたり、本を読んだり、床に座ってネコと遊んだりするのが一番の落ち着きになりました。台湾の古い家の床はタイルが一般的ですが、フローリングにしたのも、素足に触れる感触を大切にしたい私のこだわりです。

私にとってのひとり暮らしは、自分の心とちゃんと向き合える時間と、メンタルを強くする練習です。孤独や悲しみを感じてしまう時もありますが、どうやってそのマイナスな感情を生活のプラスに変えるのかが、一生の課題だと思います。

いっぱいいっぱいになった本棚、断捨離できない人です。ここもリラックスゾーンです。

張イホン（mollychang）
1985年生まれ、台湾台北市在住。グラフィックデザイナー。2023年11月に初個展「希望我的喜歡像片海（私の好きが海であってほしい）」を台北で開きました。ネコのBADA（2）と暮らしています。

窓の外は山、広い青空と台湾特有な「鉄皮屋（トタン屋根の家）」。

私のへやは猫のへや

私のへやは庭に向かって広い掃き出し窓があります。

ここから緑、風、日の光、月の光、嫌な蚊や蜂や野良猫も入ってきます。

ここで暮らすのはハチワレ猫のふくちゃん（4才）と私。

ふくちゃんは、保護猫で栄養失調だったので片目が涙目のルカ（byジョジョ）。

だけど、世界一かわいい猫。

この部屋は、基本「ふくちゃんのへや」なのでオモチャがアチコチに。

今はふくちゃん、風が通る窓際で寝てます。

その姿を見てホッコリする。

私は料理を作る仕事をしています。コロナとか猛暑とかで仕事が減ったし、私自身、体力も気力も弱まったと感じます。

時間は川の流れのように行き過ぎます。

私にとって猫は同居人として最適。お喋りにじっと耳を傾けてくれ、ごはんを元気にカリカリ食べ、撫でればゴロゴロ喉をならして喜ぶ。

幸せは伝染するんだって！　だから猫は良いよ。これからの季節は、猫と一緒に寝ていると温もりがありがたいです。

散らかったオモチャと猫、木の床が冷たくて気持ちいい。

谷 陽子
1949年生まれ。郷土料理フィールドワーカー、「明日のごはん料理教室」主催。何処でも呼ばれたら行ってごはんを作る人、即興詩人、築70年の一軒家に猫と棲む。

部屋の隅のコーヒーテーブルでレシピを書く。どのテーブルにも整理できない紙ものあり。片付けられず困ってます。

富士見のサンタフェ

「サンタフェじゃん」

同じビルのワインバーの店主は部屋を見るなり言った。

ジョージア・オキーフのサンタフェか、はたまた宮沢りえか、彼女にとってのそれは後者で違いないだろう。実は我が家は絶賛改装中で、彼女にとってはむき出しにされた壁の下地が〝Santa Fe〟だったようだ。

改装しながら住むなんて人はなかなかいないだろうけど、ガスさえ開栓されていなかった入居時から給湯器を手に入れ、コンロを手に入れ、ベッドを手に入れ、着実に文明開花を遂げている。

シティから土を求めてこの地に来たけど、自然と寄り添う暮らしは一朝一夕で手に入れられるものではないことをつくづく痛感する。煉瓦調の古いビルに住むなんて思ってもみなかったし、最上階には土なんてこれっぽっちもない。

でも、忙しない日々の中、ベッドの上で開いた本の中で、森の生活に想いを馳せる時間も必要なんだと思う。

秋の寂しげな風が漂い始めた晩夏の朝、大きな窓から今日も山々を憶う。

壁を抜いて現れた間柱が“Santa Fe”。一尺五寸ピッチじゃ、乳首も隠せないな。

猿渡凜太郎
1999年生まれ、長野県在住。yaso、断熱屋、SHOKKAN。活動を一言で説明できないので近頃は動植物関連と言っている。窓に巣を作ろうとする蜂と戦う日々。

レトロなアーチの建具がお気に入り。こちらも絶賛左官中。色をなかなか決め切れない。

ここは社会の果て

はじめてひとり暮らしをしたのは、新卒会社員のころ。期待と不安が入り混じるなか、オートロック新築7万円の部屋をえらんだ。おしゃれな部屋にしようとか、大好きなあの子を招待しようとか、社会とつながった！みたいな感じ。

10年が過ぎた現在、３万円台のオートロックもないアパートに住んでいる。唯一の自慢は友人につくってもらった大きな本棚だ。

夢のひとり暮らしも、三十路になれば輝きを失う。「ひとり暮らしです」などとうっかり漏らせば「ああ、結婚されてないんですね」と言われてしまう。社会へとつながる自分だけの城は、現実から逃げきれない袋小路へと姿を変えた。いわば袋三十小路、退路はない。

この10年で得たもの、失ったものはなんだろう。新築がいいみたいな神経質さはなくなって図太くなった。レールから外れたら終わり、みたいな恐怖感もなくなって、自分にできることがあることも知った。

以前よりずっと自分らしく楽しく働いている。幸い、ここ、袋三十小路は壁にはめぐまれている。背中に迫る壁は分厚く、大きい。立派な壁面だから、この壁も大きな本棚にしちゃえばいいかな、なんて思う。

狭い部屋。書籍在庫の段ボールが積み上げられている。

嶋田翔伍
京都市出身、在住。ひとり出版社「烽火書房」代表。「必要な時に、必要な人に必ず届くのろしのような本作りを」を掲げている。京都のろじの本屋「hoka books」も運営中。

つくってもらった本棚、趣味と資料がまぜこぜにになっている。

「いってきます」という前に

部屋の窓は西向きだ。きいろいカーテンとの付き合いも20年は経っていて、遮光能力はほぼ皆無。おかげで日の出の頃には目が覚める。窓を開ければ平凡な建物群とブルーグレーの空。白んだ月がぽっかり浮かんでいれば、そのままお月見したりする。

おなかがすいたらご飯を作る。凝っているのは蒸しパン作り。年季の入ったフライパンで蒸し時間は約10分。ふたを開けた時に噴き出す蒸気は、一種の美顔スチーマーだと思っている。ふくふくの蒸しパンは窓際に運んで記念撮影。そばにはタヌキの張り子を置く。これは子どもの成長記録みたいなものだ。食べ出す頃、灰色をおびていた西の空もすっかりブルー。蒸しパンを蒸す時に使った晒が窓辺で揺れれば「ママ、おはよう」と、近所の子の鈴のような声が聞こえてくる。出かける前には、部屋を一度振り返る。青が滲む西の窓に背を押され、玄関に向かう足取りは軽い。

すりガラスに滲む色が、その日の天気を教えてくれる。

まご

京都府在住。編集ライター・絵描き。ZINE（@mago_morning）を制作するほどモーニングと朝の時間が好き。朝食作りも楽しみのひとつ。

蒸しパンは米粉製。タヌキの張り子もお手製。

心地よい余白を求めて

歳相応に衰えていく体力と人生の残り時間を意識したときに、できるだけ通勤時間を短くしたいと考えた。そして決めたのは都心から5km圏内、その代わりにけっして広いとはいえない6畳ほどのワンルーム。この部屋に住んで半年になる。〈いま・ここ〉に集中したいのならば、詩歌の本のように十分すぎるくらいの余白が必要。それに気づいてからは家財や蔵書・日々のタスクを整理しながら、その多くを手放してきた。

するべきことと、したいこと優先でいい。けれど家事にしろ趣味にしろ、実はしなくてもよかったり、したくないときもあったりというスペクトラム。その微妙なあわいを揺れ動いて、もっと身軽になれるはずでは？　とさらなる余白を、風通しの良さや巡りの良さを求めてしまう。きっとこれからも自分にとって心地よい余白の塩梅をさぐりながら暮らしていくのだろう。

この一角が書斎であり日常の基地。

南波志稲
1968年生まれ、東京都在住。会社員・一箱書店「書肆のぎへん」店主。ミニマリスト志向だが本は例外。

読書しながら寝落ちする幸せ。積読はベッド下に収納。

方丈

我が家は広い。部屋も多く、とにかく自由に広々と使える。食事、勉強や仕事、寝室、趣味、応接と用途ごとに使い分けることすら可能だろう。では本当に広々と使っているのかといえば、実のところ全くの逆。言葉を選ぶが、こういう家をひとりで優雅に使うことができるのはきっと片づけられない人なのだ。

ある部屋をプラモデル製作部屋にと企てたことがある。作りかけをそのままの状態で置いておき、続きは後日。専用部屋だから当然で、そういう使い方こそ優雅さの証し。でもやってみて気づく。作りかけの物をそのまま放っておけないのだ。パーツだけでなく工具まで綺麗に片づけてしまい、何かの作業中とはとても思えないスッキリとした部屋にしてしまう。専用部屋なんて不要だったのだ。片づけ好きが貧乏性の裏返しのようで少々恨めしい。

ということで結果的にリビングの一角で全てが賄われてしまう。食事もテレビを見るのも勉強仕事もプラモ作りも小さな空間で間に合う。方丈記の方丈ってこういうことね、と古の随筆家の気持ちを勝手に分かったつもりで、気持ちだけでも優雅にしておこう。

赤富士と、小さいながらも神棚まであるのもお気に入りの理由か。

松村泰成
1969年鹿児島県生まれ、福岡県在住。医師。いい歳してアニオタでも全く非難されないこの世の中に感謝。最近、映画鑑賞と風呂が趣味に加わった。

座椅子の向きが180度変わる時が食事やプラモ製作時。今回を機に方丈と命名されたエリア。

解く

驚くほど先を見据えていない暮らしの在り方です。

家も部屋も調度も。そして何より、生活そのものが。不確かな未来のために溜め込むことや備えることを一切止めた。暮らしを調えることの全てが常に誰かのためであった日常から遠ざかって久しい。それまでの、あるときはしっかりと、またときには緩く、結ばれていた何かをゆっくりと解《ほど》いて、今ここに居る。外部の状況変化に合わせて、身の処し方を選択していたら、いつのまにか気ままな生活に辿り着いていた。炊事、洗濯、掃除、いわゆる家事と呼ばれる類は、自分のためだけなら、そのような呼称さえ面映ゆいほど、あまりに当たり前すぎる営みでしかない。

譲れないものは何かと問いながら設えた空間は、解《ほど》かれたからだとこころの気配が漂う。誰にも見咎められない気楽さに溺れてしまわないように自戒しつつ、現在《いま》だけを視て今日を積み上げていく。

ひとり暮らしは、潔さと無謀さで成り立っています。

居室でひとり。すっきりと機嫌よく。

やまねようこ
神奈川県在住。以前住んでいた札幌での書店勤務以来、20年近く本に携わる仕事をしています。もう暫くは大きな変化は望まない。霞を食べて生きていきたい。

庵室でひとり。密やかに心地よく。

愛しい物と共に暮らす

「がらんとしてるね。引っ越し直後みたい」と部屋を初めて見た方にはよく言われますが、学生時代から子育て中もずっとこんな状態で生活しています。

コレクター気質なので、気に入った物（急須が30個）は、ついつい集めてしまいますので、かっこいいミニマリストではありません。

「がらん」の理由を考えたら、部屋の基本イメージが、昭和30年代の農家がベースだからのような気がします。当時の農家は、土間・お座敷・居間と造りが簡単で、部屋に物は少なく、その分、お座敷では結婚式や葬式やお祭りの集会が行われ、居間では子供達がチャンバラごっこをしていました。物がなくシンプルな分、いろいろな使用が可能だったように思います。

現在暮らす部屋も、時にキッチンで仕事したり、リビングに資料を広げたりさまざまな使い方をしています。私自身は、ずっと組織で仕事をしてきましたが、今はフリーになりました。肩書が無くなった分（シンプルな分）いろいろな使用方法が可能になればいいなと思っています。

なにもないという空間が、何より私の「宝」かもしれません。

なかむらたすく
1961年九州生まれの九州育ち。30年のサラリーマン生活の後、カウンセラーに。

骨董屋巡りで集まってきた器たち。引き出し2つに収まって食卓を彩ってくれます。

ひとり居れる場

50歳を目前にして人生初のひとり暮らしを始めた。物件は築55年程の昭和のアパート。ほぼ一目惚れ状態で契約を決めた。気に入ったのは玄関から台所、その続き間6畳の経年のいい味を出したフローリングの床。ワンルームっぽくしたくて台所と続き間を仕切る引き戸を取っ払い、敷居レールを跨ぐようにおにぎり型のダイニングテーブルを中央に置く。

小さな台所は私には丁度良いサイズ感。休日は朝からきちんと料理をするようになった。出窓から入る自然光で野菜の色は鮮やか。気分が上がる。つい作りすぎた分は実家や友人にお裾分け。ここで一緒に食事をしたりもする。「居心地が好い」と言われると嬉しい。

たまに酔い過ぎて帰宅し、脱力して床に倒れ込む。誰にも見られたくない姿。この部屋があって良かったとグルグルまわる頭で強く思ったり。そう言えばCOVID-19感染時も「ひとり居れる場」の必要性を痛感した。大切な私の場所。私の部屋。

空間の中心にあるテーブルにつくと、本を読みながらでも火にかけたお鍋の様子がわかる。

天笠美玲
1972年生まれ、神奈川県在住。医院勤務×本屋店主×tad bottle and bar スタッフ。夏の夜は一色海岸の海の家の立飲み処東屋へ通う。

脱衣所の壁には巨匠たちの裸婦画のポストカードを飾った。新入りはマティスの「夢」。

なりゆきのつづき

逝ってしまった恋人（変人）との楽しい生活を経て、ひとり暮らしになって2年。さてと、と、長い長いエンドロールがながれる時間の様な、曖昧な気持ちで淡々と日常を過ごしているところです。

1日の殆どを通りに面した仕事場で過ごします。私の仕事は美容師です。老若男女様々、髪を整えにお見えで、色々なことを私に教えてくれます。一緒に笑ったり泣いたりもできますし、黙々と手を動かすこともできます。さっぱりして綺麗になれば、私もすっきりして。こんな良いことはありません。よくある美容師の1日が終わると、掃除をして明日のために寝るばかりです。壁には、「・靴は揃えましょう。・鍵はかけましょう。・目覚ましは1回で起きましょ。・扉と引き出しは閉めてね。・電気も消して下さい。」と紙に書いて貼られています。大体はできています。いよいよ寝る前に短い手紙のような日記を書きます。やっと落ち着いて一息、今日もいい1日でした、と思います。

朝早く起きられた日は、1時間くらい好きなことをします。休みの余裕がある日は生活を見直すため、整理整頓や修正に努めますが、成果はいまいちです。それでもこのひとり暮らしがとても気に入っています。

仕事場へひとつづき。行ったり来たりします。縦28歩、横7歩ほど。

木内 愛
1975年生まれ、広島県在住。自宅でひとり美容室を営む。海が近い。

この鏡を見つけた時はとっても嬉しかった。大事な仕事道具です。

シアワセは日々の暮らしに

中心街の雑踏から小路へ入る、とある長屋の一室。

仕事にも趣味も人付き合いも目一杯時間を使い、眠る為に帰宅という毎日は、とても充実していて楽しくて、「部屋」は疲れを癒すスペースだった。

それが4年前、怪我で障害が残り、無職生活を送る事となる。

日々のリハビリの為寝転がると、畳が案外固くなく心地良い事に気付き、また、奇麗な真っ白い壁が初めて目に飛び込んでもきた。

ちゃぶ台とソファーベットだけの休憩スペースでしかなかったその部屋は、2階にあった洗濯干しと本棚が加わり生活感満載となり、殺風景な白い壁を、友人から貰った海のポスターと娘から貰ったドライフラワーが彩っている。

たっぷりある時間を使い、私が私自身と向き合い色々な妄想を膨らませ（他人が見たら引くかもしれないが）ほくそ笑んで晩酌を楽しむこの部屋に、仕事用の机と椅子が加わった。

新たな仕事を含め生活の全てが詰まったこの「部屋」で、私はひとり暮らしを満喫する。

ちゃぶ台と座椅子と PC は常に 3 点セット。妄想膨らむ至福の晩酌時間をここで過ごす。

瀧川美樹
1966年生まれ、新潟県在住。在宅事務補助を生業とする。自他ともに認めるスーパーポジティブ人間。旅を愛し、GoogleMap を肴にした晩酌時間と、風が抜ける場所が大好物。

最近追加された仕事スペースと、まだまだ彩れる白い壁。ワクワクが止まらない。

隠れ家のような、自分を生きる場所としてのお部屋

還暦を迎える前も家族から離れて20年以上の「ひとり暮らし」、しかも1、2年で引越しを繰り返すノマド生活でした。引越しのたびに荷物を減らすのですが、減らした分だけまたモノが増えるというモノのエントロピー現象が続いていました。

研究者への転職とともに、「ホテル暮らし」をイメージした生活空間を目指したお部屋づくりに挑戦しています。健康寿命と新しい働きの場を考えても、10年はなんとかインプットとアウトプットと社会での支援活動の日々を平坦に、そして日々の感謝を持って過ごしてゆけたらという想いがあります。そのためにも身の回りを整え、手作りのものを出来るだけ食べ、しっかり寝る、といった日々の一つひとつの自分との関わりをまずは大切にできたらと考えています。

自分自身を大切にしながら過ごすお部屋は、ゆったりと小さな音の音楽が流れ、隠れ家のように私自身を包み込んでくれるような、そんな空間となってきています。

simple is best、持たない生活を目指してもモノは増えます（泣）

なかじままなぶ
1961年新潟県生まれ長野県育ち、広島県在住。
犯罪学者（監獄博士）。犯罪・非行からの立ち直り支援活動にも従事しています。

インプットとアウトプットの作業場。

傘寿の気ままなひとり萌

朝6時過ぎ、玄関のポストに新聞を取りに行く。早朝ウォーキング帰りの人と言葉を交わす。家に入り、キッチンのテーブルに新聞を広げ、一応見出しを見る。本の知らせが有るのでそこを切り取ります。後日書店へ行く事に。

昼間はキッチンで新聞を読みながらラジオの声も耳に入ってきます。近所は若い人達が多いので小さな子どもさんも多くて楽しいですよ。外に出ると暑いので部屋から見ているとプールに入ったり夜は親子で花火をしていますよ。

そろそろ私の部屋について話します。色々かたづけ事を済ませ、居間の長椅子に座ります。そこに先客が座っています。おしゃべりけんちゃん。この子は人形です。よくお話が出来ます。夜9時にもう眠い。おやすみなさい。朝8時に起きます。

傘寿の私、読み残しの新聞を読みます。分からない字・文章を調べるのにスマホではできないので広辞苑をテーブルに置き調べている。駅の書店で買った本、ウォロディミル・ゼレンスキーの書、只今読書中。

居間。ここで新聞を読んだり、ご飯を食べたりする。

後藤政枝
1942年生まれ、福岡県那珂川市在住。毎日仏様にお経を上げています。毎日日記を書いています。

料理は好きで毎日台所に立つ。

あとがき

佐藤友理

今の部屋で暮らし始めるまで、生活というものがいつもおぼつかなかった。

初めてひとり暮らしをした新卒会社員時代は、朝から晩まで営業ノルマと締め切りに追われ、部屋はただ寝に帰るだけの場所だった。自炊も掃除もほとんどせず、ゴミ出しは先送りにしがちで、流しには洗い物が溜まったまま。たまに野菜を買ってきても、使い切る前に腐らせてしまう。気分転換に始めたベランダ菜園も、結局続かずに枯らしてしまった。そうやって、生活はどんどん下のほうに追いやられていった。

都内の会社に転職してからは、通勤時間とストレスがともに10倍くらいになったので、帰宅すると何も気力が湧かず、録画したサスペンスドラマを無意味に眺める日々が続いた。けだるい駅のホームで「このままじゃダメだ」とつぶやく回数が飽和量に達した頃、灰色の生活をまるごと変えたくなって、仕事を辞めて地方の港町に引っ越した。縁もゆかりもない土地に、貯金もないまま無職で引っ越す気が知れないが、それだけ追い詰められていたのだろう。

そこからはいろいろあって、しばらくはいろんな人と共同生活を送ることになった。絶えず旅人が出入りするゲストハウスの一室や、それを運営するスタッフが暮らす古い一軒家。ふすま一枚隔てた隣室に寝泊まりする人が、どんどん入れ替わっていく。楽しい夜もたくさんあったけれど、悲しいことがあった日は、ひとりになりたくて近所のホテルに泊まったりした。あの頃、誰かのテリトリーの中で立ち回ることが生活をつなぐ手段になっていた。一番安心できる場所は自室ではなく、匿名性に守られたコーヒーチェーンだった。

腰を据えて休みたいのに、またすぐに旅に出なくてはならない。ここは自分が長居していい場所ではない。誰に言われたわけではないのにそんな焦りが消えなくて、生活がまた遠ざかっていく。衣食住の「住」が、ずっとぐらついていた。

港町での暮らしを一区切りした時、荷物を実家にまとめて送り、北アルプスの山小屋で住み込みのアルバイトをした。3ヶ月の共同生活を終えて下山した翌朝、今日から自由なのだという実感が急に湧いてきて、その瞬間に、帰りたい、と思った。家に帰りたい。でも実家に帰りたいのとはちょっと違う。そんな話を隣にいた友人にしたら、「自分の部屋に帰りたいんでしょ」と言われた。そう、私は自分の部屋に帰りたいのだ。誰の目も気にせずにただそこに居られる場所。でもそんな場所はどこにもないから、山を下りたのにどこに帰ったらいいのかわからなかった。

6年前、約12年ぶりに実家に戻り、地元で就職をした。明日も明後日もここにいていいと許されたような安心感がようやく肌に馴染んできた頃、今度は「自分で生活をつくりたい」という気持ちがむくむくと湧いてきた。これまで蔑ろにしてきた生活というものを、一からつくってみたい。あの日私が帰りたかった「自分の部屋」は、どんな場所だっただろうか。

2度目のひとり暮らしを思い立ってからは早かった。手際よく物件を契約し、入居日から数週間かけて車で荷物を運び入れていった。これから新しい人生が始まるような、静かなわくわく感に包まれていた。

「はじめに」の中で落合さん（以下かよちゃん）が書いてくれた私のアパートは、築48年、古いけれどベランダから川が見えて、窓越しの空が広くて、職場が近いところが気に入っている。でも夏が近くなると玄関前に蛾の死骸が散乱するし、トラックが前を通れば家ごと揺れるし、窓に隙間があるから冬は寒い。だから実際には、そんなに住み心地の良い部屋ではない。たぶん、あの頃のかよちゃん自身の状況が、この部屋を実際よりもだいぶ良いものに見せたのだろう。というのも、かよちゃんいわく「灰色の丸い石が均等に並べられて」いるうちの玄関には、実際には灰色の丸い石なんてなくて、いろんな形をした色とりどりの石が並んでいる。人の記憶は曖昧で、抱いた印象も無限に変化しながら増幅していくものだから、かよちゃんが見ていた私の部屋も、彼女がその頃に求めていた理想郷みたいなものだったのかもしれない。

ひとりでいるのがつらくて、孤独が痛みとしてまとわりつくような日々の中では、悲しみの影のない平穏な暮らしが、一筋の光のように見えたのだろうか。その頃の私は、自分の手で生活をつくれるということとがただただ嬉しかった。ご飯を炊く。お茶を淹れる。掃除をする。洗濯をする。晴れた日に布団を干す。まだ慣れないその所作とリズムを体に馴染ませるように、途切れないようにと願いながら繰り返す。そんな生活の練習がうまくいっていた頃だった。

あれから2年が経ち、この部屋での時間もそれなりに積み重ねてきた今、あの時かよちゃんが感じた心地良さが、まだここにあるのかはわからない。できるならずっと暮らしを楽しんでいたいけれど、些細なきっかけで眠れなくなったり、明日が来るのが怖くなったりする。

それでも前よりはすこし、生活が上手になった。自分のためにご飯をつくり、掃除機をかけ、植物に水をやる。その繰り返しが自分を助けてくれることを、この部屋に来て知ることができたから。

ひとり泣くことも笑うことも許されている小さな箱の中で、今日も川音を聞きながら布団にもぐる。

*

それぞれの部屋に流れる時間を想像しながら、本の編集をしていました。

ひとり暮らしを始めたばかりの部屋、停滞と安堵が漂う部屋、その人の歴史が詰まった部屋、誰かの気配が残る部屋、これから先の長い時間が見えるような部屋……それぞれの部屋の中に誰とも違う生活がある、ただそれだけのことなのに、１００人分の暮らしの営みがこうして綴じられていることが、どうしてか心強く感じられます。

エッセイを書いてくださった方の中には、引っ越しをした人もいるし、今はひとりで暮らしていない人もいます。ひとり暮らしは突然始まったり終わったりする。ひとり暮らしでもそうじゃなくても、生活は形を変えながら続いていく。

だからこれは、とある時期に偶然そこにあった生活の、記録集のようなものです。

エッセイを寄せてくださった皆様、そしてこの本を手に取ってくださった皆様に、心より感謝を申し上げます。たくさんの語りを詰め込んだこの本が、誰かの生活の傍に置かれることを願っています。

佐藤友理
1988年生まれ、仙台市在住。文化施設職員。遠くで暮らす十人のエッセイ集「まどをあける」企画編集。家事のお供にラジオを聴くので、聴きたいラジオが決まるまで家事が始まりません。

「ワンルームワンダーランド」といいながら、1Rのみならずさまざまな間取りの部屋を載せています。

小さなひとつの部屋（ワンルーム）から、限りない未来が広がっていきますように。

エッセイ　100人の皆様
装丁・組版　佐藤友理
編集　落合加依子（小鳥書房）、佐藤友理
印刷・製本　シナノ書籍印刷株式会社

ワンルームワンダーランド
ひとり暮らし100人の生活

2024年7月29日　第1刷発行
2024年11月14日　第3刷発行

編著　落合加依子、佐藤友理
発行者　落合加依子
発行所　小鳥書房
〒186-0003　東京都国立市富士見台1-8-15
電話　070-9177-8878（代表）

Printed in Japan
ISBN 978-4-908582-12-7